문제로 개념 잡는 초등 영문법

Grammar, ZAP!

입문 **1**

구성과 특징

- ★ 짜임새 있게 구성된 커리큘럼
- ★ 쉬운 설명과 재미있는 만화로 개념 쏙쏙
- ★ 단계별 연습 문제를 통한 정확한 이해
- ★ 간단한 문장 쓰기로 완성

❶ Grammar Cartoon

- 본격적인 학습에 앞서 Unit 학습 내용과 관련된 기본 개념들을 명작 동화의 한 장면을 통해 제시하여 아이들이 딱딱하고 어려운 문법 개념에 흥미롭게 접근할 수 있도록 도와줍니다.

❷ Grammar Point

- 문법 개념을 쉽게 풀어서 설명하고, 다양한 예시문과 재미있는 삽화로 문법 개념을 자연스럽고 재미있게 익힐 수 있도록 도와줍니다.
- Check Up 문제로 학습 내용을 잘 이해했는지 바로 확인할 수 있습니다.

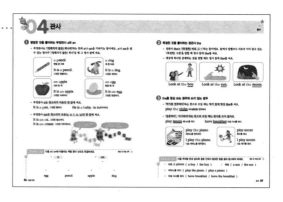

❸ Grammar Walk

- 학습 내용과 관련된 주요 단어, 문장 등을 따라 쓰는 활동입니다. 단어나 문장을 따라 쓰면서 문법 개념을 어떻게 적용할 수 있는지 자연스럽게 이해할 수 있습니다.

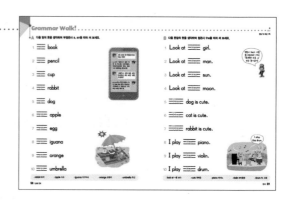

④ *Grammar Run/Jump/Fly*

- 학습한 내용을 본격적으로 적용하고, 응용해 볼 수 있는 다양한 유형의 연습 문제입니다.

- 단계별 연습 문제를 통해 개념을 정확하게 이해하고, 간단한 문장을 완성할 수 있도록 구성하였습니다.

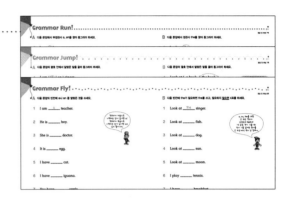

⑤ *Quiz*

- Unit을 마무리하면서 만화를 보고, 퀴즈를 풀면서 학습한 내용을 복습할 수 있습니다.

⑥ *Review*

- 2개의 Unit이 끝날 때마다 제시되는 마무리 테스트입니다. 객관식, 주관식 등의 문제를 풀면서 응용력을 키울 수 있도록 하였습니다.

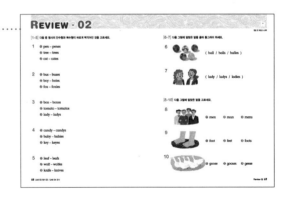

⑦ 단어장

- 각 Unit의 본문에 나오는 단어를 20개씩 정리하였습니다. 간단하게 테스트할 수 있도록, 영어를 한글로 옮기는 문제, 한글을 영어로 옮기는 문제도 구성하였습니다.

활용방법

Grammar, Zap!

입문 단계는 총 2권으로 약 3개월(권당 5주)에 걸쳐 학습할 수 있도록
구성하였습니다. 하루 50분씩, 주 2일 학습 기준입니다.

Book	Month	Week	Day	Unit	
2	2	2	1	1. 일반동사	
			2	2. 일반동사의 부정문과 의문문	Review 01
		3	1	3. 형용사	
			2	4. 부사와 전치사	Review 02
		4	1	5. 의문사 (1)	
			2	6. 의문사 (2)	Review 03
	3	1	1	7. 현재 진행형	
			2	8. 현재 진행형의 부정문과 의문문	Review 04
		2	1	9. 조동사 can	
			2	10. 명령문	Review 05

Contents

01 알파벳과 수 세기

- 알파벳 대문자와 소문자에 대해 알아봐요.
- 1에서 20까지 영어로 숫자 세는 법에 대해 알아봐요.

수상한 고양이와 여우가 제페토 할아버지께서 만드신 시계를 보고 무엇을 저리 쑥덕거리는 걸까? 시계와 시계추 모양이 어떻다고? 그러고 보니 둘의 모양이 비슷한 것도 있고 아예 다른 것도 있고 좀 복잡한 것 같아. 그리고 할아버지께서 필요한 물건을 정리해 놓으신 리스트에 있는 three, six는 뭘까? 필요한 물건의 개수를 말하는 것 같은데. 으아, 그것이 무엇인지 알고 싶다.

01 알파벳과 수 세기

1 알파벳 대문자와 소문자

Aa	Bb	Cc	Dd	Ee	Ff
Gg	Hh	Ii	Jj	Kk	Ll
Mm	Nn	Oo	Pp	Qq	Rr
Ss	Tt	Uu	Vv	Ww	Xx
Yy	Zz				

우리는 모음!

a e i o u

- 영어 글자는 26개의 알파벳으로 되어 있고, 각 알파벳은 대문자와 소문자가 있어요.
- 알파벳에는 소리가 있는데 자음과 모음으로 나뉘어요.
  - 모음: a, e, i, o, u
  - 자음: a, e, i, o, u를 제외한 나머지

Check Up 다음 알파벳 대문자와 소문자의 짝을 찾아 선으로 연결하세요. 정답 및 해설 2쪽

Q   s   R   T   p   A   d   H   i   f
·   ·   ·   ·   ·   ·   ·   ·   ·   ·

·   ·   ·   ·   ·   ·   ·   ·   ·   ·
t   a   h   q   I   P   F   S   D   r

10 Unit 01

2 1부터 20까지 숫자를 세어 봐요.

one	two	three	four	five
six	seven	eight	nine	ten
eleven	twelve	thirteen	fourteen	fifteen
sixteen	seventeen	eighteen	nineteen	twenty

- '하나, 둘, 셋……'처럼 영어에도 숫자를 나타내는 말이 있어요.
- 11은 eleven, 12는 twelve, 13은 thirteen, 15는 fifteen, 18은 eighteen, 14와 16, 17, 19는 4, 6, 7, 9에 해당하는 영어 숫자에 -teen을 붙여요.

Check Up 다음 단어에 알맞은 숫자를 찾아 선으로 연결하세요. 정답 및 해설 2쪽

seven	two	eleven	nineteen	six
•	•	•	•	•
•	•	•	•	•
6	7	19	2	11

Grammar Walk! . . . .

A 다음 알파벳을 읽으며 대문자와 소문자를 따라 써 보세요.

1 A a

2 B b

3 C c

4 D d

5 E e

6 F f

7 G g

8 H h

9 I i

10 J j

11 K k

12 L l

13 M m

14 N n

15 O o

16 P p

17 Q q

18 R r

19 S s

20 T t

21 U u

22 V v

23 W w

24 X x

25 Y y

26 Z z

짝이 되는 알파벳
대문자와 소문자를
꼭 기억해야지!

B 다음 단어의 뜻을 생각하며 단어를 따라 써 보세요.

1 **1** one

2 **2** two

3 **3** three

4 **4** four

5 **5** five

6 **6** six

7 **7** seven

8 **8** eight

9 **9** nine

10 **10** ten

11 **11** eleven

12 **12** twelve

13 **13** thirteen

14 **14** fourteen

15 **15** fifteen

16 **16** sixteen

17 **17** seventeen

18 **18** eighteen

19 **19** nineteen

20 **20** twenty

★Grammar Run!..............

★**A** 다음 알파벳을 따라 쓴 후, 같은 알파벳을 찾아 동그라미 하세요.

1 C   Z W ⓒ H

2 F   B F K G

3 L   Y L I N

4 J   J M X Q

5 P   B K A P

6 b   b d p q

7 d   c d p b

8 r   o v r t

9 n   m n w z

10 g   g q b d

B 다음에서 모음에 해당하는 알파벳을 찾아 동그라미 하세요.

1 g ⓞ r ⓘ l l ⓐ

2 o r a n g u t a n

3 i g u a n a

4 k o a l a

5 d i n o s a u r

6 u m b r e l l a

7 t r o u s e r s

8 s u p e r m a r k e t

C 다음 중 숫자를 나타내는 단어를 찾아 동그라미 하세요.

1 (one)atreegg

2 networedog

3 obeanthree

4 fouroomeet

5 earoofiveye

6 meetubusix

7 sevenutray

8 treeightie

9 nidleanine

10 catenoodle

11 eelevenear

12 twelvetuck

13 foothirteen

14 fourteenod

15 stuffifteen

16 sixteenurse

17 eraseventeen

18 eighteenod

19 vanineteen

20 beltwentyell

Grammar Jump!

다음 알파벳과 짝이 되는 글자를 골라 동그라미 하세요.

1	B	(b) d	2	C s c
3	D	g d	4	P p q
5	R	r w	6	E v e
7	J	j i	8	M n m
9	V	v w	10	G g q
11	a	H A	12	f F E
13	h	F H	14	i I J
15	l	B L	16	k K D
17	n	Q N	18	t T Y
19	u	V U	20	o O Q

B 다음 그림에 알맞은 단어를 골라 동그라미 하세요.

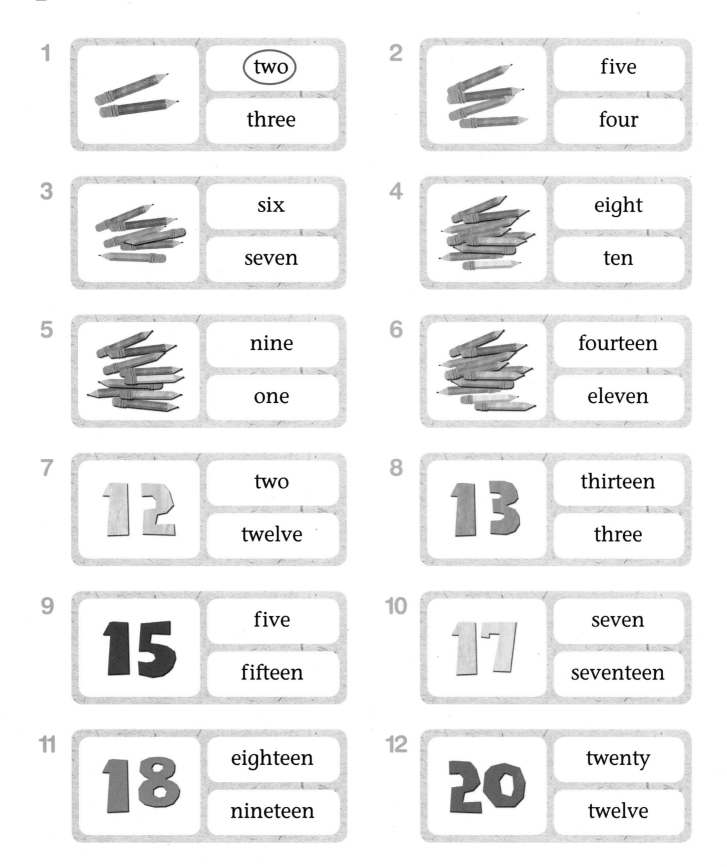

1. two / three

2. five / four

3. six / seven

4. eight / ten

5. nine / one

6. fourteen / eleven

7. two / twelve

8. thirteen / three

9. five / fifteen

10. seven / seventeen

11. eighteen / nineteen

12. twenty / twelve

Grammar Fly! · · · · · · · · · · · · · · · · ·

A 다음 단어의 알파벳을 대문자는 소문자로, 소문자는 대문자로 바꿔 쓰세요.

1 DOG
dog

2 CAT
cat

3 BIRD
bird

4 FISH
fish

5 LEMON
lemon

6 zebra
ZEBRA

7 tiger
TIGER

8 cow
COW

9 rabbit
RABBIT

10 lion
LION

B 다음 그림과 숫자를 보고 빈칸에 알맞은 영어 단어를 쓰세요.

1   1   one

2   3   three

3   7   seven

4   8   eight

5   10   ten

6   11   eleven

7   12   twelve

8   13   thirteen

9   14   fourteen

10   20   twenty

1 만화를 보면서 알파벳 대문자와 소문자에 대해 복습해 봐요.

2 다음 알파벳과 짝이 되는 알파벳 대·소문자를 빈칸에 쓰세요.

A	1 a	B	2	C	3	D	4
5	e	6	f	7	g	8	h
I	9	J	10	K	11	L	12
13	m	14	n	15	o	16	p
Q	17	R	18	S	19	T	20
21	u	22	v	23	w	24	x
Y	25	Z	26				

3 만화를 보면서 영어로 수 세기에 대해 복습해 봐요.

4 다음 숫자에 알맞은 영어 단어를 빈칸에 쓰세요.

1	2	3	4
one	two	three	
5	6	7	8
	six	seven	
9	10	11	12
	ten		
13	14	15	16
	fourteen		sixteen
17	18	19	20
seventeen		nineteen	

명사 (1)

- 명사란 무엇이고 명사에는 어떤 것들이 있는지 알아봐요.
- 셀 수 있는 명사와 셀 수 없는 명사에 대해 알아봐요.

피노키오가 오늘 학교에 가지 않고 명사 장터로 놀러 왔어. 그런데 이상하게 명사 장터에서 팔리고 있는 물건들에는 다 이름표가 붙어 있어. 게다가 나한테도 명사라며 이름표를 붙이라고 하지 뭐야. 명사와 이름이 무슨 상관일까? 궁금해. 이제부터 한 번 알아볼까?

Unit 02 명사 (1)

① 세상에 있는 모든 것들의 이름, 명사!

명사는 사람, 장소, 사물, 동물·식물의 이름과 사랑, 생각처럼 안 보이는 것들의 이름을 나타내는 말이에요.

사람	장소	사물	동물·식물	안 보이는 것
girl	house	cup	cat	love
man	park	bag	tree	idea

- 사람을 나타내는 명사: boy 남자아이 woman 여자 Tom 톰
- 장소를 나타내는 명사: room 방 city 도시
- 사물을 나타내는 명사: book 책 pencil 연필
- 동물·식물을 나타내는 명사: dog 개 flower 꽃
- 안 보이는 것을 나타내는 명사: peace 평화 time 시간

Check Up 다음 명사의 종류에 해당하는 단어를 찾아 선으로 연결하세요. 정답 및 해설 3쪽

1	사람	•	•	dog
2	장소	•	•	love
3	사물	•	•	woman
4	동물·식물	•	•	park
5	안 보이는 것	•	•	book

❷ 필통 속 연필처럼 셀 수 있는 명사

명사에는 수를 셀 수 있는 명사와 셀 수 없는 명사가 있어요.

boy	dog	cup

소년 1명 소년 2명	개 1마리 개 2마리	컵 1개 컵 2개

- boy, dog, cup은 '하나, 둘, 셋' 하고 개수를 셀 수 있는 명사예요.
- 셀 수 있는 명사에는 girl, man, woman, house, park, room, city, book, bag, pencil, eraser, cat, fish, tree, flower 등이 있어요.

❸ 바닷가 모래알처럼 셀 수 없는 명사

water, snow, sand, paper, time, love 등은 모양이 정해져 있지 않거나 자를수록 개수가 늘어나서 수를 셀 수 없는 명사예요.

water   snow   sand   paper   love

Check Up 다음에서 셀 수 있는 명사와 셀 수 없는 명사를 구별하여 선으로 연결하세요.   정답 및 해설 3쪽

1 water ·

2 book ·

                     · 셀 수 있는 명사

3 flower ·

4 snow ·

                     · 셀 수 없는 명사

5 paper ·

Grammar Walk! . . . .

A 다음 명사의 뜻을 생각하며 단어를 따라 써 보세요.

맞다! 명사는 세상에 있는 모든 것들의 이름을 나타 내는 말이지?

1  boy

2  woman

3  room

4  house

5  apple

6  dog

7  pencil

8  book

9  love

10  idea

B 다음 셀 수 있는 명사의 뜻을 생각하며 단어를 따라 써 보세요.

C 다음 셀 수 없는 명사의 뜻을 생각하며 단어를 따라 써 보세요.

Grammar Run!

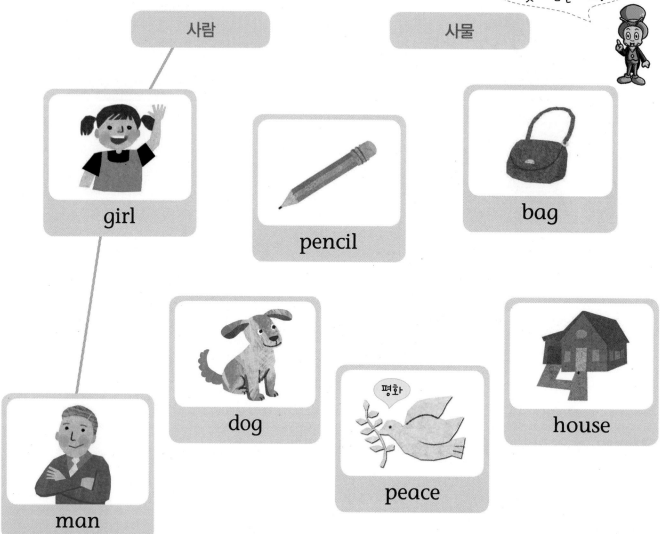

A 다음 명사들을 알맞게 연결하세요.

> 사람의 이름, 장소의 이름,
> 사물이나 동식물의 이름,
> 안 보이는 것의 이름을
> 찾아 연결해 봐!

사람

사물

girl

pencil

bag

man

dog

peace

house

flower

love

room

동물·식물

안 보이는 것

장소

B 다음 명사가 셀 수 있는 명사이면 C, 셀 수 없는 명사이면 U에 체크표 하세요.

1 bag ✔C U

2 flower C U

3 milk C U

4 cup C U

5 apple C U

6 time 시간 C U

7 pencil C U

8 평화 peace C U

9 sand C U

10 tea C U

11 paper C U

개수를 셀 수 있는지 없는지 따져 보면 되겠네!

Grammar Jump!

A 다음 그림에 알맞은 명사를 골라 동그라미 하세요.

1   (boy)
    cup

2   bag
    love

3   woman
    tiger

4   man
    tree

5   girl
    juice

6   pencil
    park

7   cow
    room

8   time
    rabbit

9   house
    peace

10 city
    cat

B 다음 그림을 보면서 알맞은 명사를 골라 동그라미 하세요.

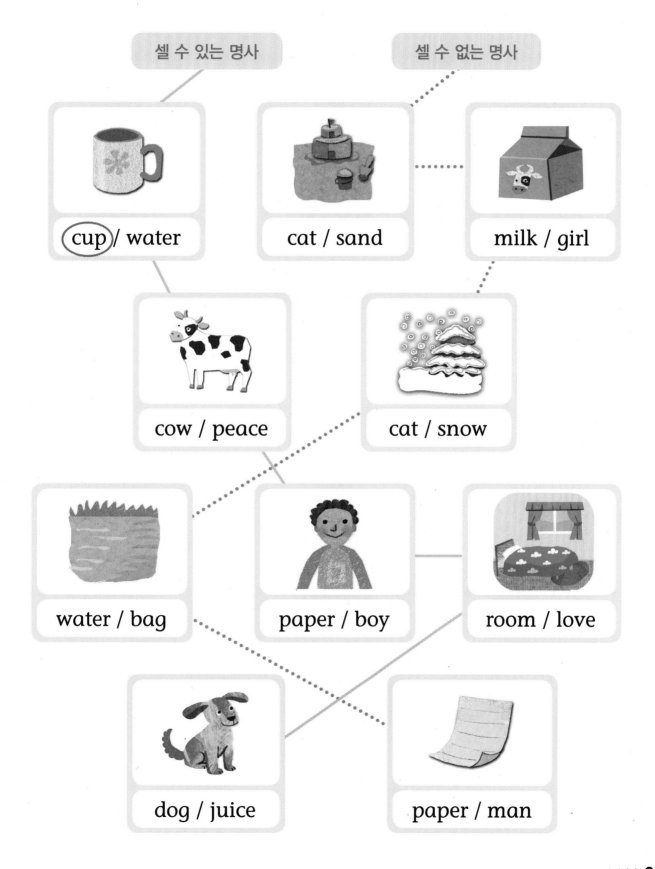

셀 수 있는 명사   셀 수 없는 명사

(cup) / water

cat / sand

milk / girl

cow / peace

cat / snow

water / bag

paper / boy

room / love

dog / juice

paper / man

Grammar Fly! . . . .

A 다음 주어진 명사들의 뜻을 생각하며 알맞은 말을 골라 빈칸에 순서대로 쓰세요.

bag	love	girl	idea	book
Tom	peace	boy	park	city
man	house	flower	pencil	rabbit
cup	tiger	tree	room	time

girl은 여자아이!
여자아이는 사람!

사람   <u>   girl   </u>

장소

사물

동물 · 식물

안 보이는 것

B 다음 주어진 명사들의 뜻을 생각하며 알맞은 말을 골라 빈칸에 순서대로 쓰세요.

> bag   water   dog   book   tiger
> time   pencil   sand   girl
> cup   cat   love   woman   milk
> paper   tree   peace   snow

수를 셀 수 있느냐 없느냐 그것이 문제로다!

셀 수 있는 명사   bag

_____   _____

_____   _____

_____   _____

_____   _____

셀 수 없는 명사   _____   _____

_____   _____

_____   _____

1 만화를 보면서 명사에 대해 공부한 내용을 복습해 봐요.

2 다음 명사의 뜻을 빈칸에 쓰고 어떤 명사의 이름인지 괄호 안에 쓰세요.

단어	뜻	구분
girl	1 ___여자아이___	(사람)
man	2 _____	( )
tree	3 _____	( )
love	4 _____	( )
cup	5 _____	( )
bag	6 _____	( )
time	7 _____	( )
park	8 _____	( )

3 만화를 보면서 셀 수 있는 명사와 셀 수 없는 명사에 대해 복습해 봐요.

4 다음 단어의 뜻을 빈칸에 쓰고 그 단어가 셀 수 있는 명사이면 C를, 셀 수 없는 명사이면 U를 괄호 안에 쓰세요.

단어	뜻	구분
flower	1 ___꽃___	(C)
snow	2 _____	( )
boy	3 _____	( )
milk	4 _____	( )
juice	5 _____	( )
book	6 _____	( )
house	7 _____	( )
paper	8 _____	( )

REVIEW · 01

[1-3] 다음 중 알파벳 대문자와 소문자가 바르게 짝지어진 것을 고르세요.

1 ❶ B – d   ❷ Q – q   ❸ U – v

2 ❶ F – e   ❷ A – r   ❸ P – p

3 ❶ H – h   ❷ I – j   ❸ G – c

[4-5] 다음에서 자음이 몇 개인지 고르세요.

4

p r a z b o d v c k

❶ six   ❷ eight   ❸ ten

5

g e t i h u f q s j

❶ five   ❷ seven   ❸ nine

[6-7] 다음 중 숫자와 단어가 바르게 짝지어진 것을 고르세요.

6 ❶ 3 – two   ❷ 4 – four   ❸ 9 – eight

7 ❶ 11 – eleven   ❷ 12 – twenty   ❸ 16 – seventeen

[8-10] 다음 그림에 알맞은 단어를 골라 동그라미 하세요.

8    (five / fifteen) cats

9    (ten / twenty) pencils

10   (three / thirteen) eggs

REVIEW · 01

[11-12] 다음 중 셀 수 있는 명사를 고르세요.

11 ❶ water   ❷ milk   ❸ rabbit

12 ❶ cup   ❷ juice   ❸ time

[13-15] 다음 중 셀 수 없는 명사를 고르세요.

13 ❶ sand   ❷ zebra   ❸ boy

14 ❶ tiger   ❷ snow   ❸ flower

15 ❶ woman   ❷ fish   ❸ paper

[16-17] 다음 단어를 괄호 안의 지시대로 바꿔 쓰세요.

16 tree ➡ _____ (대문자로)

17 SAND ➡ _____ (소문자로)

18 다음 중 셀 수 있는 명사를 찾아 빈칸에 쓰세요.

| love | peace | cat | time |

➡ _____

[19-20] 다음 중 셀 수 없는 명사를 찾아 빈칸에 쓰세요.

19

| girl | juice | bag | flower |

➡ _____

20

| park | water | lion | dog |

➡ _____

명사 (2)

- 셀 수 있는 명사의 단수형과 복수형에 대해 알아봐요.
- 셀 수 있는 명사의 복수형 만드는 법에 대해 알아봐요.

뭐야? 이곳에는 여러 명이 있으면 안 되나 봐.

여자아이들이 자리에서 일어나네? 왜지?

ㅋ ㅋ ㅋ

너냐? 여러 명이 모여 있지 못하게 girls 팻말을 망쳐 버린 녀석이!

아, 아!

일단 도망가야겠어! s가 뭐길래!

피노키오 때문에 인형 극장 지배인이 단단히 화가 났어. 피노키오가 girls라는 팻말에서 s를 지워 버려서 자리에 앉아 있던 여자아이들이 우왕좌왕하기 시작했거든. 껌딱지처럼 girl에 붙어 있던 s가 그렇게 중요한 거였나? girl과 girls, 과연 어떤 차이가 있는 걸까?

03 명사 (2)

① 여러 개일 때 규칙적으로 변하는 셀 수 있는 명사 (1)

명사가 '하나'일 때는 단수명사, '여러 개'일 때는 복수명사라고 해요.

 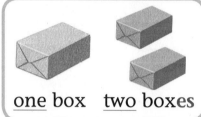 

one tree two trees   one box two boxes   one baby two babies

- 대부분의 명사는 끝에 -s를 붙이면 복수형이 돼요.

  pen 펜 → pens 펜들   ball 공 → balls 공들
  girl 여자아이 → girls 여자아이들

- -s, -x, -sh, -ch, -o로 끝나는 명사의 복수형은 -es를 붙여요.

  bus 버스 → buses 버스들   fox 여우 → foxes 여우들
  dish 접시 → dishes 접시들
  bench 벤치 → benches 벤치들
  tomato 토마토 → tomatoes 토마토들

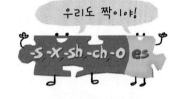

- 「자음+y」로 끝나는 명사의 복수형은 -y를 -i로 고치고 -es를 붙여요.

  candy 사탕 → candies 사탕들   city 도시 → cities 도시들

- 「모음+y」로 끝나는 명사의 복수형은 그냥 -s를 붙여요.

  boy 남자아이 → boys 남자아이들   key 열쇠 → keys 열쇠들

Check Up 다음 중 복수명사를 찾아 동그라미 하세요.   정답 및 해설 5쪽

trees	box	candy	babies	pen	benches
dishes	girls	bus	cities	tomato	foxes

❷ 여러 개일 때 규칙적으로 변하는 셀 수 있는 명사 (2)

- -f 나 -fe로 끝나는 명사의 복수형은 -f, -fe를 -v로 고치고 -es를 붙여요.

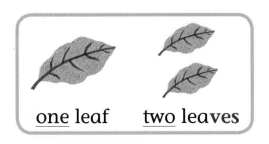

one leaf   two leaves

f, 너 저리 가고 ves 이리 와!

leaves

wolf 늑대 → wolves 늑대들   knife 칼 → knives 칼들

❸ 여러 개일 때 불규칙하게 변하는 셀 수 있는 명사

- 끝에 -s나 -es가 붙지 않고 형태가 바뀌어 복수형이 되거나 단수형과 복수형이 같은 명사들이 있어요.

man 남자 → men 남자들   woman 여자 → women 여자들

tooth 치아 → teeth 치아들   foot 발 → feet 발들

goose 거위 → geese 거위들

child 어린이 → children 어린이들   ox 황소 → oxen 황소들

mouse 쥐 → mice 쥐들

sheep 양 → sheep 양들   deer 사슴 → deer 사슴들

fish 물고기 → fish 물고기들

Check Up   다음 중 복수명사를 찾아 동그라미 하세요.   정답 및 해설 5쪽

woman	leaves	children	knife	men
mice	foot	teeth	oxen	geese

Grammar Walk! . . . .

A 그림을 보면서 다음 명사의 단수형과 복수형을 따라 써 보세요.

1 pen pens

2 box boxes

3 bus buses

4 bench benches

5 dish dishes

6 tomato tomatoes

7 baby babies

8 boy boys

• box 상자　　• bench 벤치　　• dish 접시　　• tomato 토마토　　• baby 아기

B 그림을 보면서 다음 명사의 단수형과 복수형을 따라 써 보세요.

1 leaf   leaves

2 knife   knives

3 man   men

4 woman   women

5 child   children

6 mouse   mice

7 foot   feet

8 sheep   sheep

• leaf (나뭇)잎   • child 어린이   • mouse 쥐   • foot 발   • sheep 양

Grammar Run!...........................

A 다음을 알맞게 연결한 후, 명사의 복수형을 따라 써 보세요.

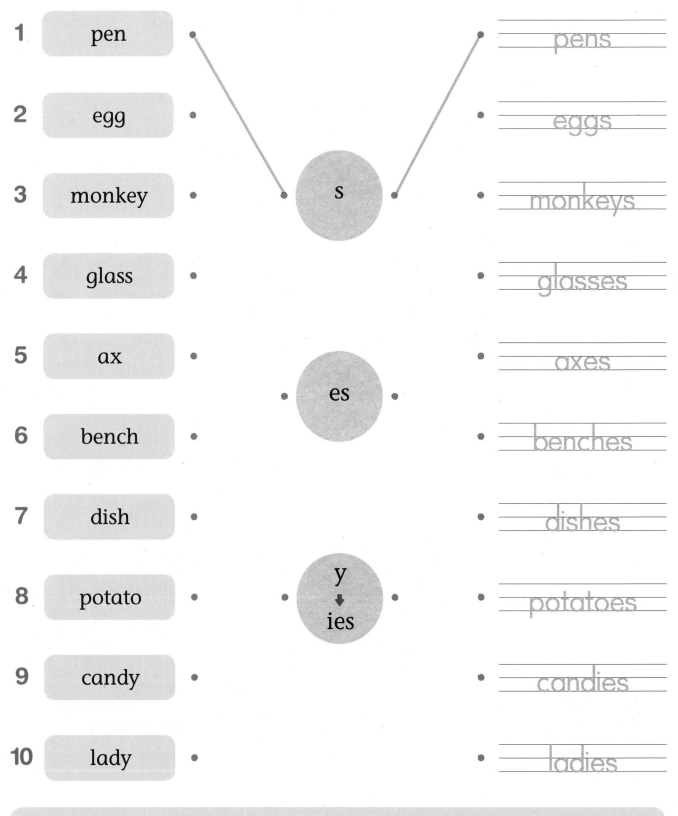

1	pen		pens
2	egg		eggs
3	monkey	**s**	monkeys
4	glass		glasses
5	ax		axes
6	bench	**es**	benches
7	dish		dishes
8	potato	**y → ies**	potatoes
9	candy		candies
10	lady		ladies

· egg 달걀   · glass 유리잔   · ax 도끼   · potato 감자   · lady 숙녀

B 다음 명사의 복수형을 찾아 선으로 연결하세요.

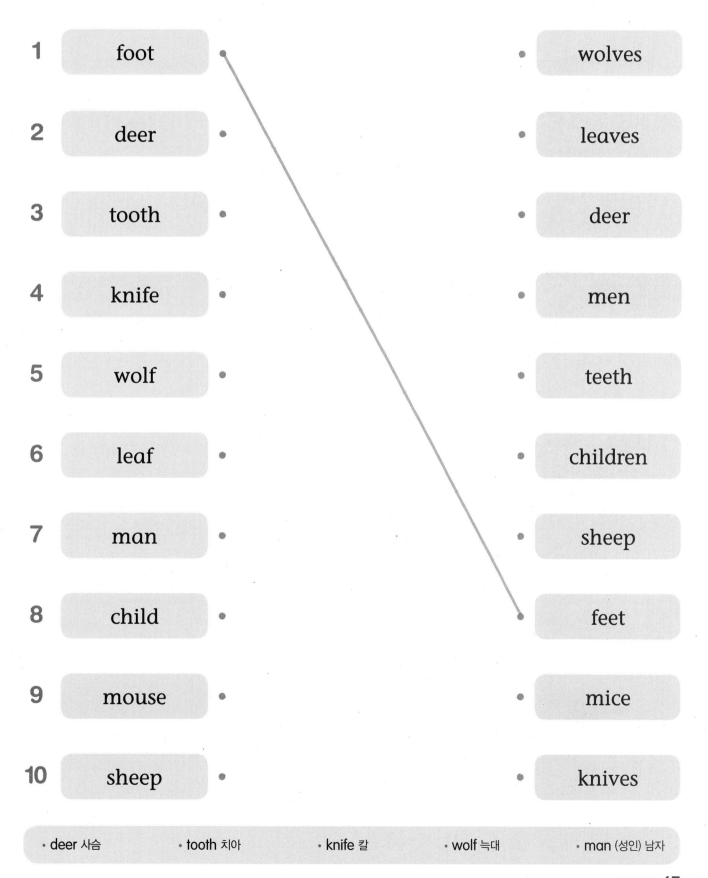

1 foot · · wolves

2 deer · · leaves

3 tooth · · deer

4 knife · · men

5 wolf · · teeth

6 leaf · · children

7 man · · sheep

8 child · · feet

9 mouse · · mice

10 sheep · · knives

· deer 사슴   · tooth 치아   · knife 칼   · wolf 늑대   · man (성인) 남자

Grammar Jump!

다음 명사의 알맞은 복수형을 골라 동그라미 하세요.

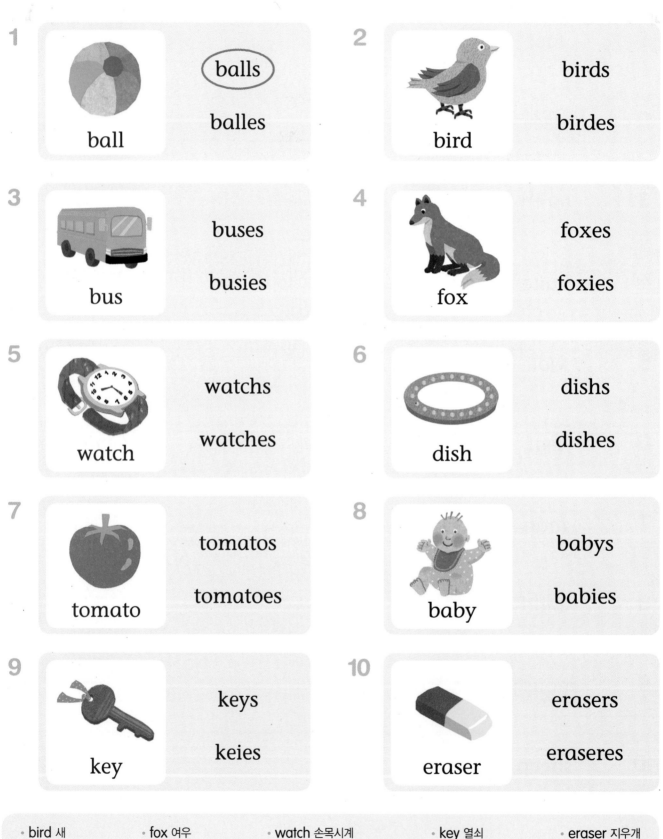

1 ball — (balls) / balles

2 bird — birds / birdes

3 bus — buses / busies

4 fox — foxes / foxies

5 watch — watchs / watches

6 dish — dishs / dishes

7 tomato — tomatos / tomatoes

8 baby — babys / babies

9 key — keys / keies

10 eraser — erasers / eraseres

• bird 새　　• fox 여우　　• watch 손목시계　　• key 열쇠　　• eraser 지우개

B 다음 명사의 알맞은 복수형을 골라 동그라미 하세요.

1 man — mans / (men)

2 woman — women / womans

3 child — childs / children

4 mouse — mice / mouses

5 sheep — sheeps / sheep

6 foot — feet / foots

7 ox — oxes / oxen

8 goose — geese / gooses

9 tooth — teeth / toothes

10 deer — deer / deers

· child 어린이　　· mouse 쥐, 생쥐　　· sheep 양　　· ox 황소　　· goose 거위

Grammar Fly! · · · · · · · · · · · · · ·

★A 다음 빈칸에 알맞은 말을 쓰세요.

두 개 이상이니까 복수형을 써야겠네?

1 one book · · · · · · · · two ___books___

2 one girl · · · · · · · · three _____

3 one bus · · · · · · · · two _____

4 one box · · · · · · · · four _____

5 one bench · · · · · · · · five _____

6 one dish · · · · · · · · six _____

7 one tomato · · · · · · · · seven _____

8 one lady · · · · · · · · eight _____

9 one boy · · · · · · · · nine _____

10 one monkey · · · · · · · · ten _____

· book 책   · girl 여자아이   · bus 버스   · boy 남자아이   · monkey 원숭이

정답 및 해설 6쪽

B 다음 그림을 보고 주어진 단어를 사용하여 빈칸에 알맞은 말을 쓰세요.

1
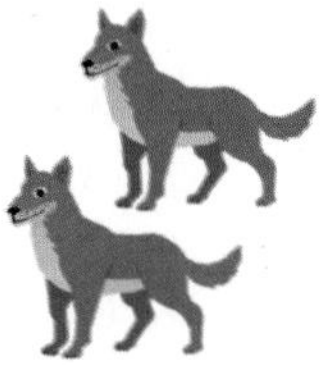
wolf

two wolves

2
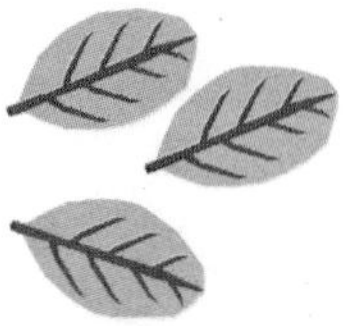
leaf

____

3
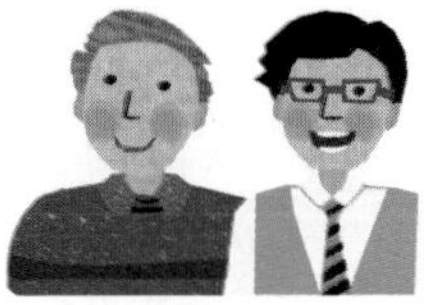
man

____

4
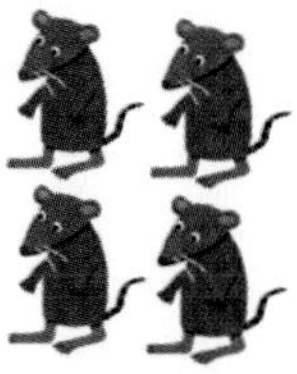
mouse

____

5
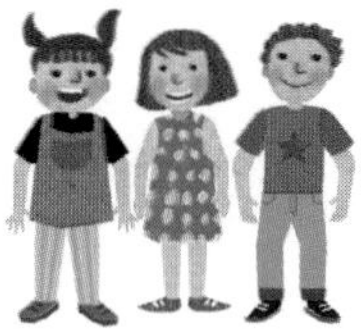
child

____

6
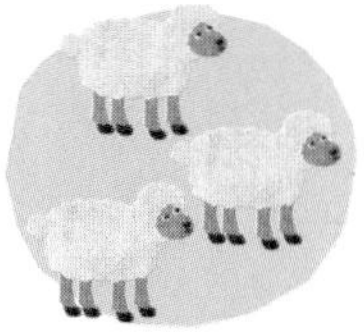
sheep

____

7
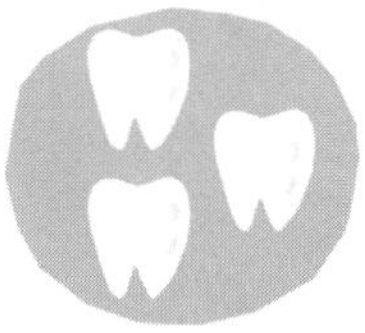
tooth

____

8
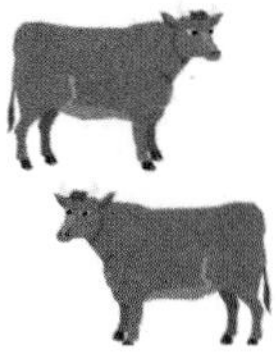
ox

____

9
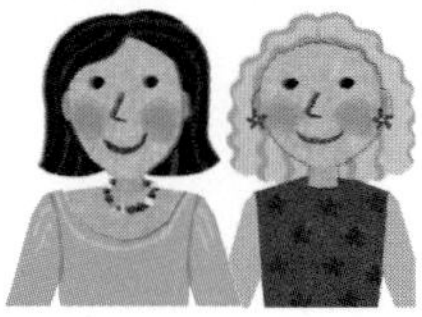
woman

____

10
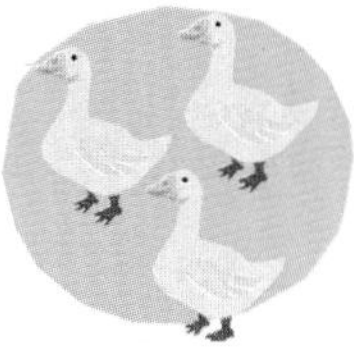
goose

____

QUIZ

1 만화를 보면서 규칙적으로 변하는 명사의 복수형에 대해 복습해 봐요.

저 개들 좀 봐!

저 꽃들 좀 봐!

우리말은 여러 개면 '~들'이라고 하면 되는데 영어는 왜 변하는 모양이 여러 가지인 거야?

그래도 girls, dogs처럼 대부분 -s를 붙이고, 나머지도 나름 규칙이 있잖아.

bus, box, dish같이 -s, -x, -sh, -ch, -o로 끝나는 명사는 -es를 붙이고,

candy, lady같이 「자음+y」로 끝나는 명사는 -y를 빼고 -ies를 붙이는 거지.

안녕? 새s야. 나는 너희를 해치지 않아.

영어든 우리말이든 하나만 해.

2 다음 단어의 뜻과 복수형을 빈칸에 쓰세요.

단수형		뜻	복수형	뜻
ball	1	공	balls	공들
egg	2			
bus	3			
box	4			
bench	5			
dish	6			
tomato	7			
baby	8			

3 만화를 보면서 명사의 복수형에 대해 복습해 봐요.

4 다음 단어의 뜻과 복수형을 빈칸에 쓰세요.

단수형		뜻	복수형	뜻
leaf	1	나뭇잎	leaves	나뭇잎들
knife	2			
wolf	3			
ox	4			
child	5			
foot	6			
mouse	7			
sheep	8			

Unit 04 관사

- 부정관사 a와 an의 의미와 쓰임에 대해 알아봐요.
- 정관사 the의 의미와 쓰임에 대해 알아봐요.

못된 고양이와 여우의 꼬임에 넘어가 나무에 대롱대롱 매달린 피노키오. 세상의 수많은 고양이와 여우 중
어떤 고양이와 여우가 그런 짓을 했는지 찾아내서 혼내 줘야겠는데 피노키오는 자꾸 the cat, the fox라
고만 해. a cat과 the cat, a fox와 the fox? a와 the, 둘이 어떻게 다른 걸까?

Unit 04 관사

① 평범한 것을 좋아하는 부정관사 a와 an

● 부정관사는 '(정해지지 않은) 하나의'라는 뜻의 a나 an을 가리키는 말이에요. a나 an은 셀 수 있는 명사가 '(정해지지 않은) 하나'일 때 그 명사 앞에 써요.

a pencil
연필 한 자루

It is a pencil.
그것은 연필이다.

a dog
개 한 마리

It is a dog.
그것은 개이다.

an apple
사과 한 개

It is an apple.
그것은 사과이다.

an egg
달걀 한 개

It is an egg.
그것은 달걀이다.

● 부정관사 a는 첫소리가 자음인 말 앞에 써요.

It is a pen. 그것은 펜이다.　　　　**He is a baby.** 그는 갓난아기이다.

● 부정관사 an은 첫소리가 모음(a, e, i, o, u)인 말 앞에 써요.

It is an ox. 그것은 황소이다.
It is an eraser. 그것은 지우개이다.

Check Up 　다음 a나 an에 어울리는 짝을 찾아 선으로 연결하세요.　　　　정답 및 해설 6쪽

1 　a　　　　　　　　　　　　2 　an

· 　　　　　　　　　　　　　·

· 　　　　·　　　　·　　　　·

egg　　　　pencil　　　　apple　　　　dog

❷ 특정한 것을 좋아하는 정관사 the

- 정관사 the는 '(특정한) 바로 그 ~'라는 뜻이에요. 앞에서 말했거나 서로가 이미 알고 있는 '(특정한) 그것'을 말할 때 명사 앞에 the를 써요.
- 세상에 하나만 존재하는 것을 말할 때도 명사 앞에 the를 써요.

Look at **the** boy.

Look at **the** sun.

Look at **the** moon.

❸ the를 항상 쓰는 경우와 쓰지 않는 경우

- '악기를 연주하다'라는 뜻으로 쓰일 때는 악기 앞에 항상 the를 써요.

play **the** violin 바이올린을 연주하다

- '운동하다', '식사하다'라는 뜻으로 쓰일 때는 관사를 쓰지 않아요.

play tennis 테니스를 치다   have breakfast 아침 식사를 하다

play **the** piano
피아노를 연주하다

I play **the** piano.
나는 피아노를 연주한다.

play soccer
축구를 하다

I play soccer.
나는 축구를 한다.

Check Up 다음 우리말 뜻과 같도록 괄호 안에서 알맞은 말을 골라 동그라미 하세요.   정답 및 해설 6쪽

1 바로 그 남자아이 (a boy / the boy)   2 태양 (a sun / the sun)

3 피아노를 치다 (play the piano / play a piano)

4 아침 식사를 하다 (have breakfast / have the breakfast)

Grammar Walk! . . . .

★A 다음 말의 뜻을 생각하며 부정관사 a, an을 따라 써 보세요.

1 ‾a‾ book

2 ‾a‾ pencil

3 ‾a‾ cup

4 ‾a‾ rabbit

5 ‾a‾ dog

6 ‾an‾ apple

7 ‾an‾ egg

8 ‾an‾ iguana

9 ‾an‾ orange

10 ‾an‾ umbrella

• rabbit 토끼   • apple 사과   • iguana 이구아나   • orange 오렌지   • umbrella 우산

B 다음 문장의 뜻을 생각하며 정관사 the를 따라 써 보세요.

1 Look at the girl.

정관사 the가 어떤 뜻이었더라? 아하! '(특정한) 바로 그'라는 뜻이었어!

2 Look at the man.

3 Look at the sun.

4 Look at the moon.

5 The dog is cute.

6 The cat is cute.

7 The rabbit is cute.

8 I play the piano.

I play the drum.

9 I play the violin.

10 I play the drum.

Grammar Run! ....

★ **A** 다음 문장에서 부정관사 a, an을 찾아 동그라미 하세요.

1 I am (a) boy.

2 I am a girl.

3 I am a woman.

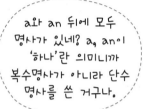

4 You are a teacher.

5 You are a singer.

6 You are an actor.

7 It is an apple.

8 It is an orange.

9 It is an umbrella.

10 It is an egg.

• woman (성인) 여자　　• teacher 선생님　　• singer 가수　　• actor (남자) 배우　　• egg 달걀

B 다음 문장에서 정관사 the를 찾아 동그라미 하세요.

1 Look at (the) sun.

2 Look at the moon.

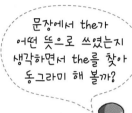

3 The boy is happy.

4 The girl is happy.

5 The man is happy.

6 I like the book.

7 I like the city.

8 I like the monkey.

9 They play the piano.

10 They play the drum.

· **happy** 행복한   · **like** 좋아하다   · **city** 도시   · **monkey** 원숭이   · **play** (악기를) 연주하다, (경기를) 하다

Grammar Jump!

A 다음 문장의 괄호 안에서 알맞은 말을 골라 동그라미 하세요.

1   I am ((a) / an) singer.

2   I am (a / an) doctor.

3   You are (a / an) actor.

4   You are (a / an) nurse.

5   It is (a / an) onion.

6   It is (a / an) ant.

7   That is (a / an) desk.

8   It is (a / an) eraser.

9   It is (a / an) iguana.

10 It is (a / an) book.

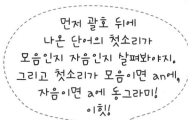

• doctor 의사   • nurse 간호사   • onion 양파   • ant 개미   • desk 책상

B 다음 문장의 괄호 안에서 알맞은 말을 골라 동그라미 하세요.

1   Look at (a book / (the book)).

2   Look at (a sky / the sky).

3   It is (a moon / the moon).

4   This is (a sun / the sun).

5   I play (a violin / the violin).

6   You play (a piano / the piano).

7   We play (soccer / the soccer).

8   I have (lunch / the lunch).

9   They play (tennis / the tennis).

10   We have (dinner / the dinner).

· sky 하늘   · soccer 축구   · lunch 점심 (식사)   · tennis 테니스   · dinner 저녁 (식사)

Grammar Fly! ·

A 다음 문장의 빈칸에 a나 an 중 알맞은 것을 쓰세요.

1 I am ___a___ teacher.

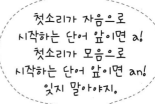

2 He is _____ boy.

3 She is _____ doctor.

4 It is _____ egg.

5 I have _____ cat.

6 I have _____ iguana.

7 You have _____ apple.

8 You have _____ umbrella.

9 It is _____ orange.

10 It is _____ pen.

· have 가지다   · iguana 이구아나   · umbrella 우산   · orange 오렌지   · pen 펜

B 다음 빈칸에 the가 필요하면 the를 쓰고, 필요하지 <u>않으면</u> X표를 하세요.

1 Look at ____the____ singer.

2 Look at _____ fish.

3 Look at _____ dog.

a, an, the를 쓰면
안 되는 경우가
있었는데 뭐였지?
아! 운동 경기 이름이랑
식사 이름 앞에는 관사를
안 쓰는거지! 역시 난 천재야.

4 Look at _____ sun.

5 Look at _____ moon.

6 I play _____ tennis.

7 I have _____ breakfast.

8 You play _____ piano.

You play soccer.

9 You play _____ soccer.

10 You have _____ lunch.

• singer 가수　• fish 물고기　• play (경기를) 하다, (악기를) 연주하다　• have 먹다　• breakfast 아침 (식사)

1 만화를 보면서 부정관사 a와 an의 쓰임에 대해 복습해 봐요.

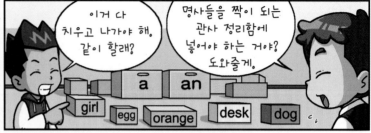

2 다음 중 알맞은 말에 체크표 하세요.

1	☑ a pig	☐ an pig
2	☐ a book	☐ an book
3	☐ a apple	☐ an apple
4	☐ a umbrella	☐ an umbrella
5	☐ a woman	☐ an woman
6	☐ a lemon	☐ an lemon
7	☐ a egg	☐ an egg
8	☐ a zebra	☐ an zebra
9	☐ a tomato	☐ an tomato
10	☐ a orange	☐ an orange

3 만화를 보면서 정관사 the의 쓰임에 대해 복습해 봐요.

4 다음 중 알맞은 말에 체크표 하세요.

1	☐ a sun	☑ the sun	
2	☐ a moon	☐ the moon	
3	☐ a sky	☐ the sky	
4	☐ play violin	☐ play the violin	
5	☐ play tennis	☐ play the tennis	
6	☐ have lunch	☐ have the lunch	
7	☐ have breakfast	☐ have the breakfast	
8	☐ play soccer	☐ play the soccer	
9	☐ Look at boy.	☐ Look at the boy.	
10	☐ Look at dog.	☐ Look at the dog.	

RᴇVIEW · 02

[1-5] 다음 중 명사의 단수형과 복수형이 바르게 짝지어진 것을 고르세요.

1
   ❶ pen – penes

   ❷ tree – trees

   ❸ cat – cates

2
   ❶ bus – buses

   ❷ boy – boies

   ❸ fox – foxies

3
   ❶ box – boxes

   ❷ tomato – tomatos

   ❸ lady – ladys

4
   ❶ candy – candys

   ❷ baby – babies

   ❸ key – keyes

5
   ❶ leaf – leafs

   ❷ wolf – wolfes

   ❸ knife – knives

[6-7] 다음 그림에 알맞은 말을 골라 동그라미 하세요.

6  (ball / balls / balles)

7  (lady / ladys / ladies)

[8-10] 다음 그림에 알맞은 말을 고르세요.

8  ❶ men ❷ man ❸ mens

9  ❶ foot ❷ feet ❸ foots

10  ❶ goose ❷ gooses ❸ geese

[11-13] 다음 문장의 빈칸에 알맞은 말을 고르세요. 필요 없으면 X를 고르세요.

11 It is _____ dog.

❶ a   ❷ an   ❸ X

12 It is _____ sun.

❶ a   ❷ the   ❸ X

13 I have _____ lunch.

❶ a   ❷ the   ❸ X

[14-15] 다음 괄호 안에서 알맞은 말을 골라 동그라미 하세요.

14 It is (a / an) ant.

15 I play (a / the) violin.

[16-17] 다음 명사의 복수형을 빈칸에 쓰세요.

16 child – _____

17 tooth – _____

[18-20] 다음 우리말 뜻과 같도록 빈칸에 a, an 또는 the를 쓰세요.

18 그 배우를 봐라.

➡ Look at _____ actor.

19 나는 레몬 한 개를 가지고 있다.

➡ I have _____ lemon.

20 우리는 피아노를 친다.

➡ We play _____ piano.

인칭대명사와 지시대명사

- 인칭대명사 I, you, he, she, it, we, they에 대해 알아봐요.
- 지시대명사 this, that, these, those에 대해 알아봐요.

나무에 매달려 있던 피노키오를 구해 준 독수리의 등에 타고 이상한 문이 있는 구름들 사이를 날아왔어. 남자 얼굴이 있는 문에는 he가 쓰여 있었는데 여자 얼굴이 있는 이 문에는 she가 쓰여 있네? he와 she, 무슨 암호 같은 걸까? 그리고 독수리가 그 문들을 가리키며 this, that이라고 했는데 this와 that은 어떻게 다른 걸까?

05 인칭대명사와 지시대명사

1 사람이나 사물을 대신 가리키는 말, 인칭대명사

인칭대명사는 사람이나 사물의 이름인 명사를 대신하는 말이에요.

I

you

she

it

we

you

they

they

- I(나) 또는 we(우리)는 말하는 사람인 1인칭, you(너/너희)는 말을 듣고 있는 상대방인 2인칭, I나 you를 제외한 나머지 he(그), she(그녀), it(그것), they(그들/그것들)는 3인칭이라고 해요.

- he는 남성, she는 여성, it은 사물을 대신해요. they는 여러 사람이나 여러 사물을 모두 대신해서 쓸 수 있어요.

	1인칭	2인칭	3인칭
단수	I 나	you 너	she 그녀 / he 그 / it 그것
복수	we 우리	you 너희	they 그들, 그것들

Check Up 영어와 우리말 뜻이 바르게 짝지어져 있으면 O표, 그렇지 <u>않으면</u> X표를 하세요. 정답 및 해설 9쪽

1 I – 나 (　　) 2 they – 그들 (　　) 3 it – 그것 (　　)

4 she – 그 (　　) 5 you – 우리 (　　) 6 we – 너희 (　　)

② 이것 저것 가리키는 말, 지시대명사 this/that

- this는 '이것, 이 사람'이라는 뜻으로 가까이 있는 사물이나 사람을 가리키는 말이에요.
- that은 '저것, 저 사람'이라는 뜻으로 멀리 있는 사물이나 사람을 가리키는 말이에요.

This is a ball.
이것은 공이다.

(this = a ball)
　이것　　　공

That is a book.
저것은 책이다.

(that = a book)
　저것　　　책

③ 복수를 가리키는 말, 지시대명사 these/those

- these는 '이것들, 이 사람들'이라는 뜻으로 가까이 있는 여러 사물이나 사람을 가리키며 this 의 복수형이에요.

- those는 '저것들, 저 사람들'이라는 뜻으로 멀리 있는 여러 사물이나 사람을 가리키며 that 의 복수형이에요.

These are balls.
이것들은 공들이다.

(these = balls)
　이것들　　공들

Those are books.
저것들은 책들이다.

(those = books)
　저것들　　책들

◎ this/that 또는 these/those는 지시형용사로도 쓰여요. 지시형용사란 사물이나 사람을 지시하듯 가리키면서 꾸며 주는 말로 명사 앞에 와요.

this apple 이 사과　　**those apples** 저 사과들

Check Up 다음 지시대명사의 우리말 뜻을 찾아 선으로 연결하세요.　　정답 및 해설 9쪽 ⭐

1 these　　　2 that　　　3 those　　　4 this
　·　　　　　　·　　　　　　·　　　　　　·

　·　　　　　　·　　　　　　·　　　　　　·
저것　　　　이것들　　　　이것　　　　저것들

Grammar Walk! . . . .

A 다음 단어의 뜻을 생각하며 인칭대명사를 따라 써 보세요.

1 
I

2 
you

3 
he

4 
she

5 
it

6 
we

7 
you

8 
they

9 
they

B 다음 말의 뜻을 생각하며 지시대명사 또는 지시형용사를 따라 써 보세요.

1 this

2 these

3 that

4 those

5 this box

6 that box

7 these boxes

8 those boxes

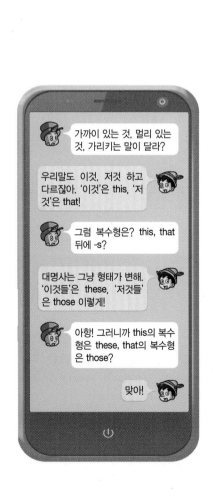

가까이 있는 것, 멀리 있는 것, 가리키는 말이 달라?

우리말도 이것, 저것 하고 다르잖아. '이것'은 this, '저것'은 that!

그럼 복수형은? this, that 뒤에 -s?

대명사는 그냥 형태가 변해. '이것들'은 these, '저것들'은 those 이렇게!

아항! 그러니까 this의 복수형은 these, that의 복수형은 those?

맞아!

Grammar Run! ....

★A 다음 중 인칭대명사를 찾아 동그라미 하세요.

인칭대명사에는 I, you, she, he, it, we, they가 있었지!

1   one   (I)   cat   the

2   bird   singer   he   park

3   you   dog   two   woman

4   foot   water   an   she

5   they   bag   singer   mouse

6   man   tooth   we   Tom

7   juice   it   violin   four

8   lion   desk   teacher   I

9   piano   they   ant   Seoul

10   candy   child   he   milk

- park 공원   • water 물   • bag 가방   • juice 주스   • milk 우유

78 Unit 05

B 다음 문장에서 지시대명사 또는 지시형용사를 찾아 동그라미 하세요.

1 (This) is a drum.

2 That is a chair.

3 These are taxis.

4 Those are apples.

5 These are watches.

6 Those are erasers.

7 This airplane is blue.

8 That boat is blue.

9 These babies are happy.

10 Those children are happy.

· drum 북, 드럼   · chair 의자   · airplane 비행기   · blue 파란, 파란색의   · boat 배, 보트

Grammar Jump!

A 다음 괄호 안에서 알맞은 말을 골라 동그라미 하세요.

1 나 ((I) / you)

2 그녀 (she / he)

3 그들 (it / they)

4 그것 (we / it)

5 너희 (you / they)

6 we (너희 / (우리))

7 he (그 / 그녀)

8 it (그녀 / 그것)

9 you (나 / 너)

10 they (그들 / 우리)

인칭대명사도 복수형이 있어?

물론이지! '나'의 복수형은 '우리'! I의 복수형은 We!

'너 you'는?

'너희 you'! 단수형과 형태가 같아.

그럼, he, she, it은? you처럼 he, she, it?

아니 아니 아니지. 3인칭 he, she, it은 모두 they! 그래서 they가 사람을 가리킬 때는 '그들', 사물을 가리킬 때는 '그것들'이란 뜻이 돼.

We!

B 다음 괄호 안에서 알맞은 말을 골라 동그라미 하세요.

1

((This) / That) is a lion.

(This / That) is a zebra.

한 개는
this, that!
여러 개는 these,
those!
주의해야겠다!

2

(This / That) is a taxi.

(This / That) is a bus.

3
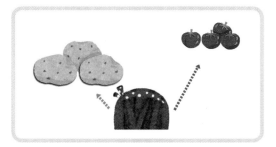

(These / Those) are potatoes.

(These / Those) are tomatoes.

4

(This / That) boy is tall.

(This / That) girl is cute.

5

(These / Those) pants are blue.

(These / Those) skirts are green.

・ zebra 얼룩말　　・ tall 키가 큰　　・ cute 귀여운　　・ pants 바지　　・ skirt 치마　　・ green 초록색의

Grammar Fly! ･････････････････････

A 다음 그림에 알맞은 말을 찾아 빈칸에 쓰세요.

| I | you | he | she | it | we | they |

1. _she_

2. 나

3. 너

4.

5.

6. 너희들

7.

8. 우리

B 다음 문장의 빈칸에 알맞은 말을 찾아 쓰세요.

this	that	these	those

1 _____This_____ is an ox. 이것은 황소이다.

2 _____ is a violin. 저것은 바이올린이다.

3 _____ is a park. 저것은 공원이다.

4 _____ are geese. 이것들은 거위이다.

밑줄 친 우리말에 주목!

5 _____ are pencils. 이것들은 연필이다.

6 _____ are bikes. 저것들은 자전거이다.

7 _____ apple is green. 저 사과는 초록색이다.

8 _____ ball is small. 이 공은 작다.

9 _____ cups are blue. 저 컵들은 파란색이다.

10 _____ actors are tall. 이 배우들은 키가 크다.

· ox 황소   · violin 바이올린   · goose 거위   · bike 자전거   · small (크기가) 작은   · actor (남자) 배우

1 만화를 보면서 인칭대명사에 대해 복습해 봐요.

2 다음 표의 빈칸에 알맞은 말을 쓰세요.

종류	단수	복수
인칭대명사	I 나	1 ____we____ 우리
	you 너	2 _____ 너희
	he 그	3 _____ 그들
	she 그녀	
	it 그것	4 _____ 그것들

3 만화를 보면서 지시대명사에 대해 복습해 봐요.

4 다음 표의 빈칸에 알맞은 말을 쓰세요.

종류	단수	복수
지시대명사	this 이것, 이 사람	1 these 이것들, 이 사람들
	that 저것, 저 사람	2 _____ 저것들, 저 사람들
지시형용사	this apple 이 사과 3 _____ _____ 이 여자아이	these apples 이 사과들 these girls 이 여자아이들
	that apple 저 사과 that boy 저 남자아이	those apples 저 사과들 4 _____ _____ 저 남자아이들

인칭대명사의 주격과 목적격

- 인칭대명사의 주격 I, you, he, she, it, we, they에 대해 알아봐요.
- 인칭대명사의 목적격 me, you, him, her, it, us, them에 대해 알아봐요.

피노키오가 하는 말을 들어보니 'I(내가)'라고 했다가 'me(나를)'라고 했다가 왔다 갔다 하네? 그건 사람이나 사물을 대신하는 인칭대명사가 문장에서 어떤 역할을 하느냐에 따라 모양이 달라지기 때문이래. '누가'에 해 당하는 말일 때와 '누구를'에 해당하는 말일 때가 다르다는데 모양이 어떻게 달라지는지 한번 알아볼까?

06 인칭대명사의 주격과 목적격

① 나는야 문장의 주인, 인칭대명사 주격

주어는 동작이나 상태의 주체가 되는 말로 '누가/무엇이'에 해당하는 말이에요.

- 인칭대명사가 '~은/는', '~이/가'의 의미로 문장의 주어로 쓰일 때는 주격을 써요.

You are tall. 너는 키가 크다.　　**They are tall.** 그들은 키가 크다.
　주어　동사　　　　　　　　　　　　주어　동사

- 인칭대명사의 주격은 가리키는 사람이나 사물에 따라 I 나는, you 너는/너희는, he 그는, she 그녀는, it 그것은, we 우리는, they 그들은/그것들은로 바뀌어요.

I am a boy.　　　**We are boys.**
나는 남자아이이다.　　우리는 남자아이이다.

You are a boy.　　**You are boys.**
너는 남자아이이다.　　너희는 남자아이이다.

He is a boy.　　　**They are boys.**
그는 남자아이이다.　　그들은 남자아이이다.

It is a dog.　　　**They are dogs.**
그것은 개이다.　　　그것들은 개이다.

	단수	복수
1인칭	I 나는	we 우리는
2인칭	you 너는	you 너희는
3인칭	she 그녀는	they 그들은
	he 그는	
	it 그것은	they 그것들은

Check Up　다음 인칭대명사의 주격과 우리말 뜻을 찾아 선으로 연결하세요.　　정답 및 해설 10쪽

1 we　　　2 she　　　3 I　　　4 they　　　5 he　　　6 it
·　　　　　·　　　　　·　　　　　·　　　　　·　　　　　·

·　　　　　·　　　　　·　　　　　·　　　　　·　　　　　·
그녀는　　　나는　　　우리는　　　그들은　　　그것은　　　그는

❷ 목적어로 쓰이는 인칭대명사 목적격

목적어는 상태나 동작을 나타내는 동사의 대상이 되는 말로 '누구를/무엇을'에 해당하는 말이에요.

- 인칭대명사가 '~을/를'의 의미로 동사의 목적어로 쓰일 때는 인칭대명사의 목적격을 써요. 이때 목적격은 동사의 뒤에 와요.

They like me. 그들은 나를 좋아한다.　**We like them.** 우리는 그것들을 좋아한다.
　주어　동사　목적어　　　　　　　　　　주어　동사　목적어

- 인칭대명사의 목적격에는 me 나를, you 너를/너희를, her 그녀를, him 그를, it 그것을, us 우리를, them 그들을/그것들을이 있어요.

They love me.　**They love us.**
그들은 나를 사랑한다.　그들은 우리를 사랑한다.

They love you.　**They love you.**
그들은 너를 사랑한다.　그들은 너희를 사랑한다.

They love her.　**They love them.**
그들은 그녀를 사랑한다.　그들은 그것들을 사랑한다.

	단수		복수	
	주격(~는)	목적격(~을/를)	주격(~는)	목적격(~을/를)
1인칭	I 나는	me 나를	we 우리는	us 우리를
2인칭	you 너는	you 너를	you 너희는	you 너희를
3인칭	she 그녀는	her 그녀를	they 그들은	them 그들을
	he 그는	him 그를		
	it 그것은	it 그것을	they 그것들은	them 그것들을

Check Up 다음 중 인칭대명사의 목적격을 찾아 동그라미 하세요.　　정답 및 해설 10쪽

they　　me　　I　　him　　her

we　　he　　them　　she

Grammar Walk! . . . .

★A 다음 문장의 뜻을 생각하며 인칭대명사의 주격을 따라 써 보세요.

1 <u>I</u> am happy.

2 <u>You</u> are happy.

3 <u>He</u> is sad.

4 <u>She</u> is sad.

5 <u>It</u> is thin.

6 <u>We</u> are thin.

7 <u>They</u> are lazy.

8 <u>You</u> are lazy.

9 <u>She</u> is diligent.

10 <u>He</u> is diligent.

- **happy** 행복한　　- **sad** 슬픈　　- **thin** 마른, 여윈　　- **lazy** 게으른　　- **diligent** 부지런한

B 다음 문장의 뜻을 생각하며 인칭대명사의 목적격을 따라 써 보세요.

1 I like _you_.

2 I like _him_.

3 You like _her_.

4 You like _me_.

5 They love _it_.

6 They love _us_.

7 We love _you_.

8 We visit _them_ every day.

9 The students visit _him_ every day.

10 The students visit _her_ every day.

- like 좋아하다   - love 사랑하다, 대단히 좋아하다   - visit 방문하다, 찾아가다   - every day 매일   - student 학생

Grammar Run! ....

★ **A** 다음 문장에서 인칭대명사의 주격을 찾아 동그라미 하세요.

1 (I) am a doctor.

2 You are a doctor.

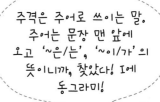

3 She is a singer.

4 He is a singer.

5 We are farmers.

6 They are farmers.

7 It is a pig.

8 They are pigs.

We are farmers.

9 She is a teacher.

10 You are teachers.

| · doctor 의사 | · singer 가수 | · farmer 농부 | · pig 돼지 | · teacher 선생님 |

B 다음 문장에서 인칭대명사의 목적격을 찾아 동그라미 하세요.

1   I meet (her) every day.

2   I meet them every day.

목적격은
'~을/를'의
뜻으로 동사의
목적어로 쓰여.

3   They know you.

4   They know me.

5   You like it.

6   You like us.

7   We love them.

8   We love him.

9   The nurses visit me every day.

I meet her
every day.

10   The nurses visit her every day.

· meet 만나다   · every day 매일   · know 알다, 알고 있다   · nurse 간호사   · visit 방문하다, 찾아가다

Grammar Jump!

A 다음 괄호 안에서 알맞은 말을 골라 동그라미 하세요.

1   (Me / (I)) am weak.

2   (You / Him) are strong.

3   (She / Her) is a nurse.

4   (Him / He) is a cook.

5   (It / Us) is a giraffe.

6   (Them / They) are wolves.

7   (Us / We) have lunch every day.

8   (I / Me) play baseball every day.

9   (Her / You) have dinner every day.

They play baseball every day.

10   (They / Them) play baseball every day.

· **weak** 약한, 힘이 없는   · **strong** 튼튼한, 강한, 힘이 센   · **cook** 요리사   · **giraffe** 기린   · **baseball** 야구

B 다음 괄호 안에서 알맞은 말을 골라 동그라미 하세요.

1   You love (I / me).

2   I love (them / they).

3   They know (he / him).

4   We know (her / she).

5   I meet (we / you) every week.

6   I meet (him / he) every week.

7   The children like (him / he).

8   The girls like (we / us).

The children like him.

9   The men visit (they / them) every week.

10 The women visit (you / she) every week.

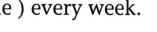

• love 사랑하다, 대단히 좋아하다   • know 알다, 알고 있다   • meet 만나다   • every week 매주   • man (성인) 남자

Grammar Fly! ·····················

★A 다음 괄호 안의 단어를 사용하여 빈칸에 알맞은 말을 쓰세요.

1 _____I_____ am cute. (me)

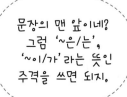

2 _____ are tall. (them)

3 _____ are smart. (us)

4 _____ is short. (him)

5 _____ is young. (her)

6 _____ is an iguana. (it)

7 _____ is a singer. (her)

She is a singer.

8 _____ play the violin. (you)

9 _____ play tennis. (them)

10 _____ have dinner. (me)

· cute 귀여운   · tall 키가 큰   · smart 똑똑한, 영리한   · short 키가 작은, (길이가) 짧은   · young (나이가) 어린, 젊은

96 Unit 06

B 다음 괄호 안의 단어를 사용하여 빈칸에 알맞은 말을 쓰세요.

1 I like _____him_____. (he)

2 You love _____. (she)

3 We like _____. (you)

동사 뒤는
목적어가 와야 하니까
'~을/를'의 뜻인
목적격을 써야 해.

4 They visit _____ every week. (we)

5 You know _____. (I)

6 The teachers know _____. (he)

7 The singers love _____. (it)

8 The nurses know _____. (they)

The teachers know him.

9 The farmers like _____. (I)

10 The doctors visit _____ every week. (you)

· **teacher** 선생님   · **singer** 가수   · **nurse** 간호사   · **farmer** 농부   · **doctor** 의사

UIZ

1 만화를 보면서 인칭대명사의 주격을 복습해 봐요.

2 다음 표의 빈칸에 알맞은 말을 쓰세요.

종류		단수	복수
주격 (~은/는, ~이/가)	1인칭	I 나는	we 우리는
	2인칭	1 ___you___ 너는	you 너희는
	3인칭	2 _____ 그는	3 _____ 그들은, 그것들은
		she 그녀는	
		it 그것은	

3 만화를 보면서 인칭대명사의 목적격을 복습해 봐요.

4 다음 표의 빈칸에 알맞은 말을 쓰세요.

종류		단수	복수
목적격 (~을/를)	1인칭	1 _____ me _____ 나를	2 _____ 우리들을
	2인칭	you 너를	you 너희를
	3인칭	him 그를	them 그들을, 그것들을
		3 _____ 그녀를	
		it 그것을	

REVIEW ★ 03

[1-2] 다음 그림에 알맞은 말을 골라 동그라미 하세요.

1

너

(he / you / they)

2

우리

(we / they / he)

[3-5] 다음 그림에 알맞은 말을 고르세요.

3

❶ this ❷ that ❸ them

4

❶ this ❷ these ❸ that

5

❶ those ❷ he ❸ that

[6-8] 다음 중 대명사의 단수형과 복수형이 바르게 짝지어진 것을 고르세요.

6 ❶ I – they   ❷ you – you   ❸ you – we

7 ❶ she – they   ❷ he – we   ❸ you – they

8 ❶ this – those   ❷ that – those   ❸ these – those

[9-10] 다음 중 인칭대명사의 주격과 목적격이 바르게 짝지어진 것을 고르세요.

9 ❶ she – her   ❷ he – his   ❸ you – me

10 ❶ we – our   ❷ they – them   ❸ she – him

[11-15] 다음 문장의 빈칸에 알맞은 말을 고르세요.

11 _____ am weak. 나는 몸이 약하다.

❶ I　　　　　　　❷ Me　　　　　　　❸ She

12 _____ is a giraffe. 그것은 기린이다.

❶ They　　　　　　❷ We　　　　　　　❸ It

13 _____ have lunch every day. 그들은 매일 점심 식사를 한다.

❶ Them　　　　　　❷ They　　　　　　❸ We

14 I meet _____ every week. 나는 그녀를 매주 만난다.

❶ she　　　　　　　❷ him　　　　　　　❸ her

15 They know _____. 그는 우리를 안다.

❶ us　　　　　　　❷ we　　　　　　　❸ you

[16-20] 다음 우리말 뜻과 같도록 빈칸에 알맞은 말을 쓰세요.

16 너희는 영리하다.

➡ _____ are smart.

17 그녀는 슬프다.

➡ _____ is sad.

18 우리는 그를 좋아한다.

➡ We like _____ .

19 저것은 얼룩말이다.

➡ _____ is a zebra.

20 이것들은 개미이다.

➡ _____ are ants.

인칭대명사의 소유격

- 누구의 것이냐에 따라 달라지는 인칭대명사의 소유격에 대해 알아봐요.
- 소유대명사 mine, yours, hers, his, ours, theirs에 대해 알아봐요.

피노키오가 요정님과의 약속을 어기고 놀이동산에 왔어. 친구들이 거추장스러운 가방을 물건 보관함에 맡기려 해. 그런데 어릿광대 아저씨는 왜 여자아이에게는 HERS, 남자아이에게는 HIS라고 적힌 곳에 가방을 놓으라고 하시는 걸까? 그리고 피노키오의 가방에는 왜 its bag이라는 꼬리표를 붙이시는 걸까?

인칭대명사의 소유격

❶ 명사 없이 못 사는 인칭대명사 소유격

소유격은 사람이나 사물이 누구 또는 무엇의 것인지 나타내는 소유의 표현이에요.

● 인칭대명사가 '~의' 의미로 누구의 것인지 무엇의 것인지 나타낼 때는 소유격을 써요.

My dog is small.
내 개는 작다.

Our dog is small.
우리 개는 작다.

Your dog is small.
네 개는 작다.

Your dog is small.
너희 개는 작다.

His dog is small.
그의 개는 작다.

Their dog is small.
그들의 개는 작다.

Its tail is short.
그것의 꼬리는 짧다.

Their tails are short.
그것들의 꼬리들은 짧다.

항상 명사와 함께!
소유격 명사

● 인칭대명사의 소유격 뒤에는 명사가 오며, 소유격은 그 명사를 꾸며 줘요.

● 인칭대명사의 소유격에는 my, your, her, his, its, our, your, their가 있어요.

	단수		복수	
	주격(~는)	소유격(~의)	주격(~는)	소유격(~의)
1인칭	I 나는	my 나의	we 우리는	our 우리의
2인칭	you 너는	your 너의	you 너희는	your 너희의
3인칭	she 그녀는	her 그녀의	they 그들은	their 그들의
	he 그는	his 그의		
	it 그것은	its 그것의	they 그것들은	their 그것들의

Check Up 다음 인칭대명사의 소유격을 찾아 선으로 연결하세요.   정답 및 해설 13쪽

1 you   2 he   3 they   4 we   5 I
·   ·   ·   ·   ·

·   ·   ·   ·   ·
their   your   our   my   his

② 소유자와 사물의 이름을 합쳐 대신하는 말, 소유대명사

소유대명사는 「소유격 인칭대명사＋명사」를 대신하는 말로, '(누구누구)의 것'이라는 의미예요.

The bag is mine.
그 가방은 내 것이다.

The bags are ours.
그 가방들은 우리 것이다.

The bag is yours.
그 가방은 네 것이다.

The bags are yours.
그 가방들은 너희 것이다.

The bag is his.
그 가방은 그의 것이다.

The bags are theirs.
그 가방들은 그들의 것이다.

The bag is hers.
그 가방은 그녀의 것이다.

- 소유대명사에는 mine, yours, hers, his, ours, yours, theirs가 있어요.
- it은 소유대명사가 없어요.

	단수		복수	
	소유격(~의)	소유대명사(~의 것)	소유격(~의)	소유대명사(~의 것)
1인칭	my 나의	mine 나의 것	our 우리의	ours 우리의 것
2인칭	your 너의	yours 너의 것	your 너희의	yours 너희의 것
3인칭	her 그녀의	hers 그녀의 것	their 그들의	theirs 그들의 것
	his 그의	his 그의 것		
	its 그것의	–	their 그것들의	theirs 그것들의 것

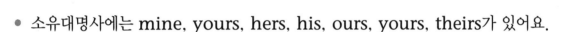

Check Up   다음 소유대명사의 우리말 뜻을 찾아 선으로 연결하세요.

정답 및 해설 13쪽

1 hers　2 ours　3 mine　4 theirs　5 his　6 yours

우리의 것　　나의 것　　그녀의 것　　그의 것　　너의 것　　그들의 것

Grammar Walk! . . . .

★ **A** 다음 문장의 뜻을 생각하며 인칭대명사의 소유격을 따라 써 보세요.

1 <u>My</u> legs are long.

2 <u>Your</u> legs are long.

3 <u>Its</u> legs are short.

4 <u>Their</u> legs are short.

5 <u>His</u> cat is cute.

6 <u>Her</u> cat is cute.

7 He is <u>our</u> brother.

8 She is <u>their</u> sister.

9 They are <u>your</u> brothers.

10 They are <u>her</u> sisters.

소유격은 '누구누구의' 그리고 '무엇무엇의'라는 뜻이라고 했지?

응. 근데 소유격 뒤에는 항상 명사가 나와.

그러네? '내 다리 my legs'에선 legs, '그의 고양이 his cat'에선 cat.

명사 없이 소유격 혼자만 쓸 수 없으니까 조심해.

My legs are long. Its legs are short.

• **leg** 다리 ・ **long** (길이가) 긴 ・ **short** 키가 작은, (길이가) 짧은 ・ **brother** 형, 오빠, 남동생 ・ **sister** 언니, 누나, 여동생

B 다음 문장의 뜻을 생각하며 소유대명사를 따라 써 보세요.

1 This is <u>yours</u> .

2 That is <u>mine</u> .

3 The kite is <u>hers</u> .

4 The kite is <u>his</u> .

5 This ball is <u>ours</u> .

6 That ball is <u>theirs</u> .

7 These drums are <u>ours</u> .

8 Those drums are <u>yours</u> .

9 These robots are <u>mine</u> .

10 Those robots are <u>hers</u> .

The kite is his.

· this 이것, 이 ~   · kite 연   · ball 공   · drum 북, 드럼   · robot 로봇

Grammar Run! ....

★**A** 다음 문장에서 인칭대명사의 소유격을 찾아 동그라미 하세요.

1 (His) nose is long.

2 Its nose is long.

3 Your sister is smart.

4 Her brother is smart.

5 My sisters are thin.

6 He is her dad.

7 She is my mom.

8 She is their grandma.

9 She is his grandma.

10 He is our grandpa.

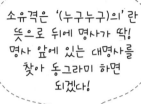

소유격은 '(누구누구)의'란 뜻으로 뒤에 명사가 딱! 명사 앞에 있는 대명사를 찾아 동그라미 하면 되겠다!

His nose is long.

· nose 코   · dad 아빠   · mom 엄마   · grandma 할머니   · grandpa 할아버지

B 다음 문장에서 소유대명사를 찾아 동그라미 하세요.

1   This is (mine).

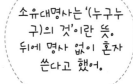

소유대명사는 '(누구누구)의 것'이란 뜻. 뒤에 명사 없이 혼자 쓴다고 했어.

2   That is hers.

3   The bat is mine.

4   The bat is his.

5   The kite is yours.

6   The kites are theirs.

7   This doll is hers.

8   That doll is his.

9   These toys are ours.

These toys are ours.

10   Those toys are yours.

• that 저것, 저 ~   • bat 방망이, 배트   • kite 연   • doll 인형   • toy 장난감

Grammar Jump!

A 다음 괄호 안에서 알맞은 말을 골라 동그라미 하세요.

1   (Ours / (Our)) teacher is short.

2   (He / His) brother is tall.

3   (Hers / Her) sister is cute.

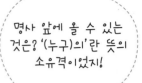

4   (Your / Yours) brothers are smart.

5   (My / Mine) eyes are big.

6   (Its / It) ear is long.

7   He is (mine / my) dad.

8   It is (their / theirs) dog.

It is their dog.

9   This is (her / hers) piano.

10   Those are (theirs / their) bikes.

· smart 똑똑한, 영리한   · eye 눈   · big (크기가) 큰   · ear 귀   · bike 자전거

B 다음 괄호 안에서 알맞은 말을 골라 동그라미 하세요.

1 That is (her / ⟨hers⟩).

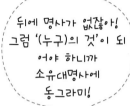

뒤에 명사가 없잖아!
그럼 '(누구)의 것'이 되
어야 하니까
소유대명사에
동그라미!

2 They are (yours / your).

3 The pig is (hers / my).

4 The monkey is (he / his).

5 The umbrella is (my / mine).

6 This cap is (her / mine).

7 This pencil is (your / yours).

8 That house is (theirs / their).

This cap is mine.

9 These shoes are (his / he).

10 Those candies are (ours / our).

· umbrella 우산   · cap (앞부분에 챙이 달린) 모자   · house 집   · shoe 신발 (한 짝)   · candy 사탕

Grammar Fly! ·

A 다음 괄호 안의 단어를 알맞은 형태로 바꿔 빈칸에 쓰세요.

1 _____My_____ dad is an actor. (I)

괄호 안에 있는 인칭대명사를 소유격으로 바꿔 써서 '(누구)의', '(무엇)의'란 뜻이 되게 해 봐.

2 _____ neck is long. (it)

3 _____ name is Lisa. (she)

4 _____ skirts are green. (we)

5 _____ dog is big. (they)

6 She is _____ teacher. (he)

7 It is _____ ball. (you)

8 They are _____ friends. (I)

Our skirts are green.

9 These are _____ children. (she)

10 I like _____ sister. (you)

| · actor (남자) 배우 | · neck 목 | · name 이름 | · skirt 치마 | · friend 친구 |

B 다음 괄호 안의 단어를 알맞은 형태로 바꿔 빈칸에 쓰세요.

1 That is _____his_____ . (he)

2 This is _____ . (you)

3 That is _____ . (I)

4 The violin is _____ . (she)

이번엔 괄호 안에 있는 인칭대명사를 소유대명사로 바꿔 써서 '(누구)의 것'이란 뜻이 되게 해 봐.

5 The room is _____ . (we)

6 The buses are _____ . (they)

7 This dog is _____ . (they)

8 That bag is _____ . (he)

9 These caps are _____ . (we)

10 Those pants are _____ . (she)

Those pants are hers.

- violin 바이올린   - room 방   - bus 버스   - bag 가방   - pants 바지

QUIZ

1 만화를 보면서 인칭대명사의 소유격에 대해 복습해 봐요.

2 다음 표의 빈칸에 알맞은 말을 쓰세요.

종류		단수	복수
소유격 (~의)	1인칭	my 나의	1 _____ our _____ 우리의
	2인칭	2 _____ 너의	your 너희의
	3인칭	his 그의	
		3 _____ 그녀의	4 _____ 그들의, 그것들의
		its 그것의	

3 만화를 보면서 소유대명사에 대해 복습해 봐요.

4 다음 표의 빈칸에 알맞은 말을 쓰세요.

종류		단수	복수
소유대명사 (~의 것)	1인칭	1 ____mine____ 나의 것	2 _____ 우리의 것
	2인칭	yours 너의 것	3 _____ 너희의 것
	3인칭	his 그의 것	4 _____ 그들의 것, 그것들의 것
		hers 그녀의 것	

be동사 am, are, is

- 앞에 나오는 말에 따라 모양이 달라지는 be동사 am, are, is에 대해 알아봐요.
- be동사 am, are, is가 영어 문장에서 실제로 어떻게 쓰이는지 알아봐요.

당나귀로 변해 버린 피노키오와 친구들. am, are, is라는 안장을 얹고서 인칭대명사가 적힌 굴렁쇠를 넘어야 해. 자기 안장에 알맞은 인칭대명사를 찾아 넘지 못하면 서커스 단장 아저씨한테 채찍을 맞을 텐데 어떻게 하지? am, are, is는 대체 뭐지? 그리고 am, are, is와 인칭대명사는 서로 어떤 관계인 걸까?

Unit 08 be동사 am, are, is

❶ 주어가 대명사일 때 짝이 되는 be동사

be동사는 '이다', '~하다', '~에 있다'라는 뜻으로 주어의 상태를 설명해 주는 말이에요. 주어가 어떤 것이냐에 따라 am, are, is로 그 모양이 바뀌어요.

● 주어가 I일 때는 am을 쓰고, you일 때는 are를 써요.

I am tall.
나는 키가 크다.

You are tall.
너는 키가 크다.

● 주어가 he, she, it, this, that처럼 단수일 때는 is를 써요.

She is tall.
그녀는 키가 크다.

It is big.
그것은 크다.

● 주어가 we, you, they, these, those처럼 복수일 때는 are를 써요.

We are tall.
우리는 키가 크다.

They are big.
그것들은 크다.

	단수		복수	
1인칭	I	am	we	are
2인칭	you	are	you	
3인칭	he / she / it	is	they	
	this / that		these / those	

정답 및 해설 15쪽

Check Up
다음 대명사와 짝이 되는 be동사를 찾아 선으로 연결하세요.

1 I •

2 he / she / it •

3 we / you / they •

4 this / that •

5 these / those •

• is

• am

• are

② 「주어＋be동사」의 줄임말

「주어＋be동사」는 I'm, you're, he's와 같이 줄여 쓸 수 있어요. 즉 be동사에서 알파벳 첫 글자를 없애고 그 자리에 아포스트로피(')를 찍어 주면 돼요.

I'm a student.
나는 학생이다.

We're students.
우리는 학생이다.

You're a student.
너는 학생이다.

You're students.
너희는 학생이다.

He's a student.
그는 학생이다.

They're students.
그들은 학생이다.

It's a dog.
그것은 개이다.

They're dogs.
그것들은 개이다.

I	am	I'm
he / she / it / that	is	he's / she's / it's / that's
we / you / they	are	we're / you're / they're

③ 주어가 명사일 때 짝이 되는 be동사

주어가 명사일 때는 명사가 단수이면 is를, 복수이면 are를 써요.

The cat is cute. 그 고양이는 귀엽다.

The cats are cute. 그 고양이들은 귀엽다.

Check Up 다음 말을 바르게 줄여 쓴 것을 찾아 선으로 연결하세요. 정답 및 해설 15쪽

1 I am ·   · they're

2 they are ·   · he's

3 he is ·   · I'm

4 that is ·   · that's

5 you are ·   · you're

★ Grammar Walk! . . . .

★ A 다음 문장의 뜻을 생각하며 주어와 be동사를 따라 써 보세요.

1 ~~I am~~   happy.

2 ~~It is~~   my doll.

3 ~~She is~~   sick.

4 ~~You are~~   cute.

5 ~~They are~~   hungry.

6 ~~That is~~   her glue.

7 ~~Those are~~   your pencils.

8 ~~These are~~   his pencils.

9 ~~The kites are~~   hers.

10 ~~The robots are~~   his.

be동사는 주어에 따라 모양이 변한다는 거지?

응, be동사는 am, are, is, 세 가지 모양이 있어.

아! 그럼 주어와 be동사를 잘 보고 따라 써야겠네.

The robots are his.

· doll 인형   · sick 아픈, 병든   · hungry 배고픈   · glue 접착제   · kite 연

B 다음 문장의 뜻을 생각하며 주어와 be동사의 줄임말을 따라 써 보세요.

1   I'm   a student.

2   You're   a farmer.

3   He's   my uncle.

4   She's   my aunt.

5   We're   friends.

6   You're   teachers.

7   They're   doctors.

8   It's   an onion.

9   They're   onions.

10   That's   an airplane.

주어와 be동사를 줄여 쓸 수 있어?

응. am과 are는 a 대신 아포스트로피(')를 써서 주어와 줄여 쓸 수 있어.

I'm, you're, 이렇게?

응. is도 i 대신 아포스트로피(')를 쓰면 돼. he's 이렇게!

그럼 this is는 this's?

아차차, this is는 줄여 쓸 수 없어. these are와 those are도 마찬가지야!

It's an onion.

They're onions.

- student 학생   - farmer 농부   - uncle 삼촌, 외삼촌   - aunt 고모, 이모   - doctor 의사

Grammar Run! ....

★A 다음 문장에서 be동사를 찾아 동그라미 하세요.

1 I (am) an actor.

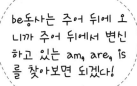

be동사는 주어 뒤에 오니까 주어 뒤에서 변신하고 있는 am, are, is 를 찾아보면 되겠다!

2 You are a police officer.

3 She is a teacher.

4 He is a doctor.

5 We are students.

6 It is her ruler.

7 That is her cat.

These are his dogs.

8 These are his dogs.

9 This girl is kind.

10 The boys are kind.

· actor (남자) 배우   · police officer 경찰관   · teacher 선생님   · ruler 자   · kind 친절한

B 다음 문장에서 줄임말을 찾아 동그라미 하세요.

1 (I'm) fat.

2 You're kind.

3 He's thin.

4 She's happy.

5 We're police officers.

6 You're farmers.

7 They're cooks.

8 It's sugar.

9 That's an elephant.

10 They're grapes.

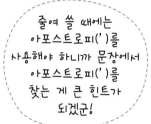

That's an elephant.

| · fat 뚱뚱한 | · thin 마른, 여윈 | · sugar 설탕 | · elephant 코끼리 | · grape 포도 |

Grammar Jump!

A 다음 괄호 안에서 알맞은 말을 골라 동그라미 하세요.

1   I ((am) / are) a singer.

2   We (are / is) teachers.

3   You (am / are) my friend.

4   She (are / is) my aunt.

5   It (is / are) an iguana.

6   This (is / are) my desk.

7   Those (am / are) her notebooks.

8   That (is / are) your notebook.

9   The apple (is / are) green.

10 Those apples (is / are) red.

Those apples are red.

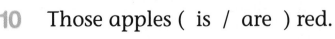

• singer 가수   • friend 친구   • iguana 이구아나   • notebook 공책   • red 빨간, 붉은

B 다음 괄호 안에서 알맞은 말을 골라 동그라미 하세요.

1   ((I) /   You   ) am a nurse.

뒤에 나오는
be동사와 짝이 되는
주어를 골라 동그라미
하면 돼.

2   (You / She) are pretty.

3   (That / Those) is a spider.

4   (I / We) are weak.

5   (He / You) are my friends.

6   (This / These) is her violin.

7   (They / She) is my mom.

8   (They / She) are firefighters.

9   (It / Those) is his book.

10   (This / These) are your notebooks.

They are firefighters.

· nurse 간호사   · pretty 예쁜   · spider 거미   · weak 약한   · firefighter 소방관

Grammar Fly! ·

1   I _____<u>am</u>_____ weak.

2   We _____ strong.

3   She _____ pretty.

4   They _____ fat.

5   It _____ a goose.

6   This _____ my computer.

7   Those _____ my pens.

8   The puppies _____ cute.

9   My mom _____ pretty.

10 My brothers _____ handsome.

be동사는 주어에 따라 모양을 바꾸는 말이니까 바뀌는 세 가지를 알아둬야 해.

My mom is pretty.

· **strong** 튼튼한, 강한, 힘이 센   · **goose** 거위   · **computer** 컴퓨터   · **puppy** 강아지   · **handsome** 잘생긴

B 다음 밑줄 친 말의 줄임말을 빈칸에 쓰세요.

1 <u>You are</u> my friend. = _____You're_____ my friend.

2 <u>That is</u> an orange. = _____ an orange.

3 <u>It is</u> your umbrella. = _____ your umbrella.

4 <u>They are</u> pilots. = _____ pilots.

주어가 대명사일 때는
아포스트로피(')를 사용해서
짧게 짧게 줄여 쓰자고!

5 <u>She is</u> pretty. = _____ pretty.

6 <u>I am</u> smart. = _____ smart.

7 <u>He is</u> my grandpa. = _____ my grandpa.

8 <u>We are</u> strong. = _____ strong.

9 <u>You are</u> firefighters. = _____ firefighters.

10 <u>They are</u> his bikes. = _____ his bikes.

· orange 오렌지   · umbrella 우산   · pilot 비행기 조종사   · grandpa 할아버지

1 만화를 보면서 대명사에 따른 be동사의 쓰임에 대해 복습해 봐요.

2 다음 표의 빈칸에 알맞은 말을 쓰세요.

종류	수	주어	be동사
인칭대명사	단수	I	1 __am__
		you	2 _____
		he / she / it	3 _____
	복수	we	4 _____
		you	
		they	
지시대명사	단수	this	5 _____
		that	
	복수	these	6 _____
		those	

3 만화를 보면서 주어와 be동사의 줄임말과 주어가 명사일 때 짝이 되는 be동사를 복습해 봐요.

4 다음 표의 빈칸에 알맞은 말을 쓰세요.

주어 + be동사	줄임말	주어 + be동사	줄임말
I am	1 ___I'm___	we are	2 _____
you are	you're	they are	3 _____
he is	4 _____	she is	she's
it is	5 _____	that is	6 _____

5 다음 표의 빈칸에 알맞은 말을 쓰세요.

	주어	be동사
단수명사	the boy	1 ___is___
복수명사	the boys	2 _____

REVIEW · 04

[1-3] 다음 중 우리말과 영어가 바르게 짝지어진 것을 고르세요.

1
❶ 네 피아노 – you piano

❷ 그의 코 – his nose

❸ 그녀의 아빠 – she dad

2
❶ 내 인형 – me doll

❷ 너희의 자전거들 – you bikes

❸ 그들의 장난감들 – their toys

3
❶ 그것의 귀 – it's ear

❷ 우리 선생님 – our teacher

❸ 그의 로봇 – he robot

[4-5] 다음 우리말 뜻과 같도록 괄호 안에서 알맞은 말을 골라 동그라미 하세요.

4   그녀는 게으르다.

➡ She (am / are / is) lazy.

5   그들은 우리 선생님이시다.

➡ They (am / are / is) our teachers.

[6-10] 다음 밑줄 친 부분이 바르게 쓰인 문장을 고르세요.

6　❶ They like <u>she</u>.

　　❷ The piano is <u>her</u>.

　　❸ <u>Her</u> name is Lisa.

7　❶ <u>Ours</u> dog is smart.

　　❷ The room is <u>ours</u>.

　　❸ They visit <u>we</u> every day.

8　❶ <u>His</u> mom is a pilot.

　　❷ Those mittens are <u>him</u>.

　　❸ <u>Our</u> know him.

9　❶ They are <u>me</u> friends.

　　❷ You meet <u>hers</u> every day.

　　❸ That eraser is <u>mine</u>.

10　❶ I like <u>your</u> brother.

　　❷ These caps are <u>you</u>.

　　❸ <u>It's</u> nose is long.

REVIEW · 04

[11-13] 다음 두 문장의 뜻이 같도록 빈칸에 알맞은 말을 고르세요.

11 I am an actor. = _____ an actor.

   ❶ I'm   ❷ Im   ❸ I's

12 They are police officers. = _____ police officers.

   ❶ Their   ❷ They're   ❸ That

13 He is thin. = _____ thin.

   ❶ He's   ❷ He're   ❸ His

[14-15] 다음 빈칸에 들어갈 말이 순서대로 바르게 짝지어진 것을 고르세요.

14 · The cat _____ cute.
      · The giraffes _____ tall.

   ❶ is – is   ❷ is – am   ❸ is – are

15 · That _____ my house.
      · Those shoes _____ mine.

   ❶ is – are   ❷ are – are   ❸ am – is

[16-18] 다음 괄호 안의 인칭대명사를 알맞은 형태로 바꿔 빈칸에 쓰세요.

16 _____ mom is a teacher. (I)

17 The umbrella is _____ . (you)

18 These are _____ bats. (he)

[19-20] 다음 우리말 뜻과 같도록 빈칸에 알맞은 말을 쓰세요.

19 그 토마토들은 빨갛다.

➡ The tomatoes _____ red.

20 그는 우리 아버지이시다.

➡ _____ _____ my father.

Unit 09 be동사의 부정문과 의문문(1)

- be동사가 있는 문장을 부정문으로 만드는 방법과 그 의미에 대해 알아봐요.
- be동사가 있는 문장을 의문문으로 만드는 방법과 그 대답에 대해 알아봐요.

고래의 배 속에서 할아버지를 만난 피노키오. 배 속에서 탈출하기 위해 할아버지와 함께 단어가 새겨진 장작들을 모아 불을 지폈어. 장작에 새겨진 단어들 중에 물음표가 있는 걸 보니 be동사를 이용해 무엇인가를 물어보는 문장인 것 같아. '~이다', '~하다'라고 설명하는 문장과는 어떻게 다른 걸까? 그리고 저기 하나 남아 있는 장작에 새겨진 not은 또 무슨 말일까?

be동사의 부정문과 의문문 (1)

① 아니라고 말해 봐, be동사의 부정문

'~가 아니다', '~하지 않다'는 의미의 문장을 부정문이라고 해요. be동사 뒤에 not을 붙여 「be동사+not」이 되면 '~가 아니다', '~하지 않다'는 의미가 돼요.

I am not a singer.
나는 가수가 아니다.

We are not singers.
우리는 가수가 아니다.

You are not a singer.
너는 가수가 아니다.

You are not singers.
너희는 가수가 아니다.

She is not a singer.
그녀는 가수가 아니다.

They are not singers.
그들은 가수가 아니다.

② 「be동사+not」의 줄임말

is not은 isn't로, are not은 aren't로 줄여 쓸 수 있어요.

He isn't a pilot.
그는 비행기 조종사가 아니다.

She isn't a pilot.
그녀는 비행기 조종사가 아니다.

We aren't pilots.
우리는 비행기 조종사가 아니다.

They aren't pilots.
그들은 비행기 조종사가 아니다.

- am not은 줄여 쓸 수 없어요.
- be동사와 not을 줄여 쓰거나 「주어+be동사」의 줄임말 뒤에 not을 쓸 수도 있어요.
  She <u>isn't</u> a pilot = <u>She's not</u> a pilot.

Check Up   다음 밑줄 친 부분의 알맞은 의미를 골라 동그라미 하세요.   정답 및 해설 18쪽

1 I <u>am</u> a teacher.   (~이다 / ~가 아니다)

2 I <u>am not</u> a teacher.   (~이다 / ~가 아니다)

3 He <u>is</u> tall.   (~하다 / ~하지 않다)

4 He <u>isn't</u> tall.   (~하다 / ~하지 않다)

❸ 궁금한 걸 물어봐, be동사의 의문문

- '~이니?', '~하니?' 하고 물어보는 문장을 의문문이라고 해요. 주어와 be동사의 위치를 바꾸고 끝에 물음표(?)를 붙여서 「be동사+주어 ~?」가 되면 '~이니?', '~하니?'라는 의미의 의문문이 돼요.

Are you tall?
너는 키가 크니?

Is he tall?
그는 키가 크니?

Is it big?
그것은 크니?

Are you tall?
너희는 키가 크니?

Are they tall?
그들은 키가 크니?

Are they big?
그것들은 크니?

우리가 자리를 바꾸면 의문문!

❹ 물어보면 대답을 해야지! be동사 의문문에 대답하기

- 긍정일 때는 yes로, 아니라고 부정할 때는 no로 대답해요.

긍정: Yes, 대명사+be동사. 응, 그래.   **부정:** No, 대명사+be동사+not. 아니, 그렇지 않아.

Is she a student?
그녀는 학생이니?

Yes, she is. / No, she isn't.
응, 그래.   아니, 그렇지 않아.

- Are you ~?로 물어볼 때는 대명사 I 또는 we를 사용해서 대답해요.

Are you a student?
너는 학생이니?

Yes, I am. / No, I'm not.
응, 그래.   아니, 그렇지 않아.

Are you students?
너희는 학생이니?

Yes, we are. / No, we aren't.
응, 그래.   아니, 그렇지 않아.

Check Up   다음 문장이 설명하는 문장이면 P, 물어보는 문장이면 Q에 동그라미 하세요.   정답 및 해설 18쪽

1 He is a nurse.   (P / Q)   2 Is he a nurse?   (P / Q)

3 Are you tall?   (P / Q)   4 You are tall.   (P / Q)

5 They are brothers. (P / Q)   6 Are they brothers?   (P / Q)

7 Is it a tiger?   (P / Q)   8 It is a tiger.   (P / Q)

★ **A** 다음 문장의 뜻을 생각하며 따라 써 보세요.

1 I _am not_ angry.

2 You _are not_ sick.

3 He _is not_ thin.

4 She _is not_ fat.

5 It _is not_ my puppy.

6 We _are not_ weak.

7 You _are not_ firefighters.

8 They _are not_ police officers.

9 They _aren't_ my shirts.

10 He _isn't_ my brother.

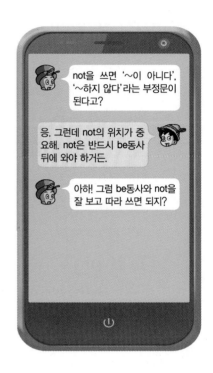

not을 쓰면 '~이 아니다', '~하지 않다'라는 부정문이 된다고?

응. 그런데 not의 위치가 중요해. not은 반드시 be동사 뒤에 와야 하거든.

아하! 그럼 be동사와 not을 잘 보고 따라 쓰면 되지?

They aren't my shirts.

* angry 화난, 성난　　* sick 아픈, 병든　　* firefighter 소방관　　* police officer 경찰관　　* shirt 셔츠

B 다음 대화의 뜻을 생각하며 따라 써 보세요.

1 **A:** Are you a pilot? **B:** No, I'm not.

2 **A:** Is he hungry? **B:** Yes, he is.

3 **A:** Is she thirsty? **B:** No, she isn't.

4 **A:** Are you students? **B:** No, we aren't.

5 **A:** Are they doctors? **B:** Yes, they are.

6 **A:** Is it old? **B:** Yes, it is.

7 **A:** Are they new? **B:** No, they aren't.

8 **A:** Are you Jane? **B:** Yes, I am.

9 **A:** Are you nurses? **B:** Yes, we are.

10 **A:** Is he handsome? **B:** No, he isn't.

· **pilot** 비행기 조종사   · **hungry** 배고픈   · **thirsty** 목이 마른   · **old** 낡은, 오래된   · **new** 새로운, 새것의

Grammar Run! ....

★A 다음 문장에서 「be동사＋not」을 찾아 동그라미 하세요.

1 I (am not) a dancer.

be동사 뒤에 not이 오면 '~이 아니다', '~하지 않다' 라는 부정문이 돼.

2 You are not a teacher.

3 He is not a nurse.

4 She is not a singer.

5 We are not farmers.

6 You are not students.

7 They are not cooks.

It is not my kitten.

8 It is not my kitten.

9 They are not pears.

10 I am not his friend.

· dancer 무용수　　· farmer 농부　　· cook 요리사　　· kitten 새끼 고양이　　· pear 배

B 다음 괄호 안에서 알맞은 말을 골라 동그라미 하세요.

1   A: Are you Sam?   B: (Yes / (No)), I'm not.

2   A: Is he strong?   B: (Yes / No), he is.

3   A: Is she pretty?   B: (Yes / No), she isn't.

4   A: Is it delicious?   B: (Yes / No), it is.

5   A: Are they kind?   B: (Yes / No), they aren't.

6   A: Are they sour?   B: (Yes / No), they are.

7   A: Are you his sisters?   B: (Yes / No), we are.

8   A: Is he your father?   B: (Yes / No), he isn't.

9   A: Is she your mother?   B: (Yes / No), she is.

10   A: Are they your uncles?   B: (Yes / No), they aren't.

· delicious 맛있는   · sour (맛이) 신   · father 아버지   · mother 어머니   · uncle 삼촌, 아저씨

Grammar Jump!

A 다음 괄호 안에서 알맞은 말을 골라 동그라미 하세요.

1 I ((am not) / not am) lazy.

2 You (are not / not are) fast.

3 She (is not / not is) slow.

4 It (is not / not is) sweet.

5 We (are not / not are) hungry.

6 You (isn't / aren't) brothers.

7 They (isn't / aren't) happy.

We are not hungry.

8 He (isn't / aren't) weak.

9 They (isn't / aren't) peaches.

10 (I amn't / I'm not) John.

· lazy 게으른   · fast 빠른   · slow 느린   · sweet 달콤한   · peach 복숭아

B 다음 괄호 안에서 알맞은 말을 골라 동그라미 하세요.

1 A : (**Are** / Is) you a dancer?　　　　B : Yes, I am.

2 A : (Am / Is) she your mother?　　　　B : No, she isn't.

3 A : (Is / Are) he your friend?　　　　B : Yes, he is.

4 A : (Is / Are) it your pencil case?　　　B : No, it isn't.

5 A : (Am / Are) you police officers?　　B : Yes, we are.

6 A : Are they your aunts?　　B : Yes, (they are / we are).

7 A : Are you hungry?　　　　B : No, (you aren't / I'm not).

8 A : Is he thin?　　　　　　B : No, (it isn't / he isn't).

9 A : Is it your pet?　　　　B : Yes, (it is / they are).

10 A : Are they your balls?　　B : No, (you aren't / they aren't).

・dancer 무용수　　・friend 친구　　・pencil case 필통　　・aunt 이모, 고모, 아주머니　　・pet 애완동물

Grammar Fly! . . . .

A 다음 문장을 부정문으로 바꿔 쓸 때, 빈칸에 알맞은 말을 쓰세요.

1 I am cold. ➡ I _____am_____ _____not_____ cold.

2 You are smart. ➡ You _____ _____ smart.

3 She is pretty. ➡ She _____ _____ pretty.

4 He is handsome. ➡ He _____ _____ handsome.

5 They are kind. ➡ They _____ _____ kind.

6 It is delicious. ➡ It ____isn't____ delicious.

7 They are sour. ➡ They _____ sour.

8 He is my father. ➡ He _____ my father.

9 They are my crayons. ➡ They _____ my crayons.

10 We are hungry. ➡ We _____ hungry.

· cold 추운, 차가운   · handsome 잘생긴   · delicious 맛있는   · sour (맛이) 신   · crayon 크레용

146 Unit 09

B 다음 대화의 빈칸에 알맞은 말을 쓰세요.

1 **A**: _____Are_____ you his sister? **B**: Yes, I am.

2 **A**: _____ he your grandpa? **B**: No, he isn't.

3 **A**: _____ she a farmer? **B**: Yes, she is.

대답할 땐 yes, no
뒤에 오는 대명사를
잘 선택해야 해.

4 **A**: _____ they your teachers? **B**: No, they aren't.

5 **A**: _____ it her backpack? **B**: Yes, it is.

6 **A**: Are you students? **B**: Yes, _____we_____ _____are_____ .

7 **A**: Is she your aunt? **B**: No, _____ .

8 **A**: Is he your uncle? **B**: Yes, _____ .

9 **A**: Is it your ticket? **B**: No, _____ .

10 **A**: Are they your shoes? **B**: Yes, _____ .

· grandpa 할아버지   · backpack 배낭   · student 학생   · ticket 표, 입장권   · shoe 신발 (한 짝)

Quiz

1 만화를 보면서 be동사의 부정문에 대해 복습해 봐요.

2 다음 표의 빈칸에 알맞은 말을 쓰세요.

긍정문(~이다, ~하다)	부정문(~가 아니다, ~하지 않다)	
I am ~.	I am not ~.	I'm not ~.
You are ~.	You are not ~.	You 1 __aren't__ ~.
He is ~.	He is not ~.	He isn't ~.
She is ~.	She is 2 _____ ~.	She isn't ~.
It is ~.	It is not ~.	It 3 _____ ~.
We are ~.	We are not ~.	We aren't ~.
You are ~.	You 4 _____ _____ ~.	You aren't ~.
They are ~.	They are not ~.	They 5 _____ ~.

3 만화를 보면서 be동사의 의문문에 대해 복습해 봐요.

4 다음 표의 빈칸에 알맞은 말을 쓰세요.

의문문 (~이니?, ~하니?)	대답 (응, 그래. / 아니, 그렇지 않아.)	
Am I ~?	Yes, you are.	No, you aren't.
Are you ~?	Yes, 1 ___I___ ___am___.	No, I am not.
Is he ~?	Yes, he is.	No, he 2_____.
3_____ she ~?	Yes, she is.	No, she isn't.
4_____ it ~?	Yes, it 5_____.	No, it isn't.
Are we ~?	Yes, you are.	No, you 6_____.
Are you ~?	Yes, 7_____ _____.	No, we aren't.
8_____ they ~?	Yes, they are.	No, they aren't.

Unit 10 be동사의 부정문과 의문문(2)

- 「지시대명사＋be동사」의 부정문에 대해 알아봐요.
- 「지시대명사＋be동사」의 의문문과 그 대답에 대해 알아봐요.

할아버지와 무사히 집으로 돌아온 피노키오. 할아버지와 따뜻한 난롯가에서 문장 만들기를 하고 있어. these라는 지시대명사도 보이고 be동사와 not의 줄임말인 aren't도 보여. 지시대명사와 be동사가 있는 부정문과 의문문을 만들어야 할 것 같아. 피노키오가 잘할 수 있을까?

be동사의 부정문과 의문문 (2)

❶ 이것도 저것도 아니라면? be동사 뒤에 not!

be동사가 있는 문장을 부정할 때는 be동사 뒤에 not을 붙여요.

- 「지시대명사(this/that, these/those)+be동사」에서 be동사 뒤에 not을 붙이면 '~이 아니다', '~하지 않다'라는 뜻의 부정문이 돼요.

This is not my ball.
이것은 내 공이 아니다.

That is not my ball.
저것은 내 공이 아니다.

These are not my balls.
이것들은 내 공이 아니다.

Those are not my balls.
저것들은 내 공이 아니다.

- is not은 isn't로, are not은 aren't로 줄여 쓸 수 있어요.

That isn't my dad.　　　저 사람은 우리 아빠가 아니다.

These aren't my friends.　이 아이들은 내 친구가 아니다.

단수			복수		
This	is not ~. (=isn't)	이것은 ~이 아니다.	These	are not ~. (=aren't)	이것들은 ~이 아니다.
That		저것은 ~이 아니다.	Those		저것들은 ~이 아니다.

Check Up　다음 문장을 부정문으로 만들 때 not이 들어갈 알맞은 위치에 체크표 하세요.　정답 및 해설 20쪽

1 This ❶ is ❷ an iguana.

2 That ❶ is ❷ a taxi.

3 Those ❶ are ❷ mine.

4 These ❶ are ❷ my pencils.

5 That ❶ is ❷ her bike.

❷ 이것 저것 궁금할 땐, be동사 의문문

- 주어와 be동사의 위치를 바꾸고 문장 끝에 물음표(?)를 붙여서 「be동사＋지시대명사 ~?」가 되면 '이것(들)/저것(들)은 ~이니?'라는 의미의 의문문이 돼요.

Is this her umbrella?
이것은 그녀의 우산이니?

Are these her umbrellas?
이것들은 그녀의 우산이니?

Is that her umbrella?
저것은 그녀의 우산이니?

Are those her umbrellas?
저것들은 그녀의 우산이니?

❸ 「be동사＋지시대명사 ~?」에 대답하기

- 그렇다고 긍정할 때는 「Yes, 대명사＋be동사.」로, 아니라고 부정할 때는 「No, 대명사＋be동사＋not.」으로 대답해요.

- 대명사는 this나 that으로 물어보면 it을, these나 those로 물어보면 they를 사용해서 대답해요.

Is that your cap?
저것은 네 모자이니?

Yes, it is. / No, it isn't.
응, 그래.   아니, 그렇지 않아.

Are these your pens?
이것들은 네 펜이니?

Yes, they are. / No, they aren't.
응, 그래.   아니, 그렇지 않아.

Is this/that ~?	Yes, it is.	Are these/those ~?	Yes, they are.
이것/저것은 ~이니?	No, it isn't.	이것들/저것들은 ~이니?	No, they aren't.

Check Up 다음이 설명하는 문장이면 P에, 물어보는 문장이면 Q에 동그라미 하세요.   정답 및 해설 20쪽

1 Is this your bag?   (P / Q)
2 This is my bag.   (P / Q)
3 That is her book.   (P / Q)
4 Is that her book?   (P / Q)
5 Are these your pens?   (P / Q)
6 These are my pens.   (P / Q)
7 Those are their cups. (P / Q)
8 Are those their cups? (P / Q)
9 Is this his cap?   (P / Q)
10 This is his cap.   (P / Q)

Grammar Walk! . . . .

A 다음 문장의 뜻을 생각하며 따라 써 보세요.

1 This is not an egg.

2 That is not a bird.

3 These are not tigers.

4 Those are not rabbits.

5 This isn't an eraser.

6 That isn't a potato.

7 These aren't tomatoes.

8 Those aren't onions.

9 This is not my coat.

10 Those are not my sweaters.

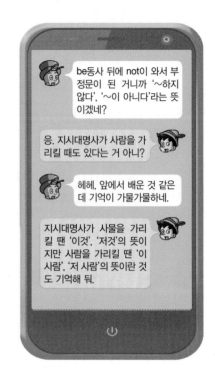

be동사 뒤에 not이 와서 부정문이 된 거니까 '∼하지 않다', '∼이 아니다'라는 뜻이겠네?

응. 지시대명사가 사람을 가리킬 때도 있다는 거 아니?

헤헤, 앞에서 배운 것 같은데 기억이 가물가물하네.

지시대명사가 사물을 가리킬 땐 '이것', '저것'의 뜻이지만 사람을 가리킬 땐 '이 사람', '저 사람'의 뜻이란 것도 기억해 둬.

This is not my coat.

- rabbit 토끼　　· potato 감자　　· onion 양파　　· coat 외투　　· sweater 스웨터

B 다음 대화의 뜻을 생각하며 따라 써 보세요.

1 **A:** Is this an orange?   **B:** Yes, it is.

2 **A:** Is that an iguana?   **B:** No, it isn't.

3 **A:** Are these kangaroos?   **B:** Yes, they are.

4 **A:** Are those crayons?   **B:** No, they aren't.

5 **A:** Is this your ink?   **B:** No, it isn't.

6 **A:** Is that your scarf?   **B:** Yes, it is.

7 **A:** Are these your shoes?   **B:** No, they aren't.

8 **A:** Are those your socks?   **B:** Yes, they are.

9 **A:** Is that your skirt?   **B:** No, it isn't.

10 **A:** Are those your pants?   **B:** No, they aren't.

· kangaroo 캥거루   · ink 잉크   · scarf 스카프, 목도리   · sock 양말 (한 짝)   · skirt 치마

Grammar Run!..............................

★ **A** 다음 문장에서 「be동사＋not」 또는 「be동사＋not」의 줄임말을 찾아 동그라미 하세요.

1 This ⟨is not⟩ a tomato.

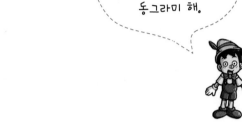

'~이 아니다', '~하지 않다'라는 부정문의 의미를 생각하면서 「be동사＋not」에 동그라미 해.

2 That is not a watermelon.

3 These are not bananas.

4 Those are not potatoes.

5 This isn't my backpack.

6 That isn't my piano.

7 These aren't my books.

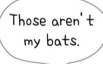

Those aren't my bats.

8 Those aren't my bats.

9 That isn't his bike.

10 This isn't her car.

· watermelon 수박	· banana 바나나	· piano 피아노	· bat 방망이, 배트	· car 자동차

정답 및 해설 21쪽

B 다음 대화의 괄호 안에서 알맞은 말을 골라 동그라미 하세요.

1 A: Is this a chair?   B: Yes, ((it) / they) is.

2 A: Is that a hat?   B: No, (it / they) isn't.

3 A: Are these his mittens?   B: Yes, (it / they) are.

4 A: Are those her pants?   B: No, (it / they) aren't.

5 A: Is this your lunch?   B: No, (it / they) isn't.

6 A: Is that your breakfast?   B: Yes, (it / they) is.

7 A: Are these your crayons?   B: No, (it / they) aren't.

8 A: Are those your cookies?   B: Yes, (it / they) are.

9 A: Is this your house?   B: No, (it / they) isn't.

10 A: Are these your pencils?   B: Yes, (it / they) are.

· hat 모자   · mitten 벙어리장갑 (한 짝)   · lunch 점심 (식사)   · breakfast 아침 (식사)   · cookie 쿠키, 과자

Grammar Jump!

A 다음 괄호 안에서 알맞은 말을 골라 동그라미 하세요.

1 That ((is not) / are not) a mouse.

2 This (is not / are not) a snake.

3 Those (is not / are not) lions.

4 These (is not / are not) sheep.

5 That (isn't / aren't) a cow.

6 This (isn't / aren't) a train.

7 Those (isn't / aren't) candies.

8 These (isn't / aren't) forks.

9 That (isn't / aren't) my watch.

10 Those (isn't / aren't) my gloves.

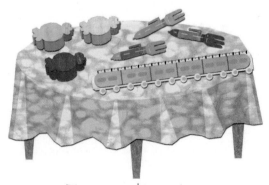

Those aren't candies.

| · snake 뱀 | · cow 암소, 젖소 | · train 기차 | · fork 포크 | · glove 장갑 (한 짝) |

B 다음 괄호 안에서 알맞은 말을 골라 동그라미 하세요.

1 A: (Are / (Is)) this his camera?   B: Yes, it is.

2 A: (Are / Is) that her hairpin?   B: No, it isn't.

3 A: (Are / Is) these my notebooks?   B: Yes, they are.

4 A: (Are / Is) those your rulers?   B: No, they aren't.

5 A: (Are / Is) these their bags?   B: Yes, they are.

6 A: Is this your room?   B: Yes, (it is / they are).

7 A: Is that your pet?   B: No, (it isn't / they aren't).

8 A: Are these your flowers?   B: Yes, (it is / they are).

9 A: Are those our books?   B: No, (it isn't / they aren't).

10 A: Is that your cup?   B: Yes, (it is / it isn't).

· camera 카메라, 사진기   · hairpin 머리핀   · ruler 자   · room 방   · pet 애완동물

Grammar Fly! ･････････････････････

다음 문장을 부정문으로 바꿔 쓸 때, 빈칸에 알맞은 말을 쓰세요.

1 This is a clock. ➡ This ___is___ ___not___ a clock.

2 That is a piano. ➡ That _____ _____ a piano.

3 These are zebras. ➡ These _____ _____ zebras.

4 Those are monkeys. ➡ Those _____ _____ monkeys.

5 This is my shirt. ➡ This _____ _____ my shirt.

6 That is his boat. ➡ That ___isn't___ his boat.

7 These are your umbrellas. ➡ These _____ your umbrellas.

8 Those are their drums. ➡ Those _____ their drums.

9 This is her belt. ➡ This _____ her belt.

10 These are our bikes. ➡ These _____ our bikes.

• clock 벽시계   • zebra 얼룩말   • shirt 셔츠   • boat 배, 보트   • belt 벨트, 허리띠

B 다음 대화의 빈칸에 알맞은 말을 쓰세요.

1 A: _____Is_____ this a fork?   B: Yes, it is.

2 A: _____ that a knife?   B: No, it isn't.

3 A: _____ these spoons?   B: Yes, they are.

4 A: _____ those chopsticks? B: No, they aren't.

5 A: _____ this a table?   B: No, it isn't.

6 A: Is that his bat?   B: Yes, ____it____ ____is____ .

7 A: Is this her ball?   B: No, _____ _____ .

8 A: Are those our hats?   B: Yes, _____ _____ .

9 A: Are these your ties?   B: No, _____ _____ .

10 A: Are those your boxes?   B: No, _____ _____ .

• knife 칼   • spoon 숟가락   • chopstick 젓가락   • table 탁자, 식탁   • tie 넥타이

1 만화를 보면서 지시대명사가 있는 be동사 부정문에 대해 복습해 봐요.

2 다음 표의 빈칸에 알맞은 말을 쓰세요.

종류	부정문	줄임말
단수	This is not ~. 이것은 ~이 아니다.	= This isn't ~.
	That is not ~. 저것은 ~이 아니다.	= That 1_____ ~.
복수	These are not ~. 이것들은 ~이 아니다.	= These 2_____ ~.
	Those are 3_____ ~. 저것들은 ~이 아니다.	= Those aren't ~.

3 만화를 보면서 지시대명사가 있는 be동사 의문문에 대해 복습해 봐요.

4 다음 표의 빈칸에 알맞은 말을 쓰세요.

종류	의문문	대답
단수	Is this ~? 이것이 ~이니?	Yes, it is. 응, 그래.
	Is 1_____ ~? 저것이 ~이니?	No, 2_____ isn't. 아니, 그렇지 않아.
복수	3_____ these ~? 이것들이 ~이니?	Yes, they are. 응, 그래.
	Are those ~? 저것들이 ~이니?	No, 4_____. 아니, 그렇지 않아.

⭐Review ⭐ 05

[1-5] 다음 빈칸에 알맞은 말을 고르세요.

1   She _____ my mother.

    ❶ is not   ❷ am not   ❸ are not

2   They _____ my puppies.

    ❶ is not   ❷ am not   ❸ are not

3   I _____ a dancer.

    ❶ is not   ❷ am not   ❸ are not

4   That _____ my cap.

    ❶ is not   ❷ am not   ❸ are not

5   These _____ his pencils.

    ❶ is not   ❷ am not   ❸ are not

[6-10] 다음 괄호 안에서 알맞은 말을 골라 동그라미 하세요.

6   A: (Are you / Am I / Is she) Tommy?

B: Yes, I am.

7   A: (Is he / Is it / Is she) your grandpa?

B: Yes, he is.

8   A: Are they police officers?

B: No, (that aren't / they are / they aren't).

9   A: Is this a tiger?

B: Yes, (it is / they are).

10   A: Are these your backpacks?

B: No, (it isn't / they aren't).

[11-12] 다음 중 밑줄 친 부분이 바르게 쓰인 문장을 고르세요.

11 ❶ You <u>aren't</u> short.

❷ He <u>aren't</u> handsome.

❸ I <u>amn't</u> pretty.

12 ❶ It <u>aren't</u> my ball.

❷ That <u>aren't</u> your book.

❸ They <u>aren't</u> kind.

[13-15] 다음 의문문에 알맞은 대답을 고르세요.

13 Are you strong?

❶ Yes, you are. ❷ Yes, I am. ❸ Yes, he is.

14 Are you doctors?

❶ No, they aren't. ❷ No, you aren't. ❸ No, we aren't.

15 Is she pretty?

❶ No, he isn't. ❷ No, she isn't. ❸ No, it isn't.

[16-17] 다음 밑줄 친 부분의 줄임말을 쓰세요.

16 They <u>are not</u> delicious.

➡ _____

17 She <u>is not</u> my aunt.

➡ _____

[18-20] 다음 우리말 뜻과 같도록 빈칸에 알맞은 말을 쓰세요.

18   그것은 그의 바이올린이 아니다.

➡ It _____ his violin.

19   그들은 농부이니?

➡ _____ _____ farmers?

20   A: 이것들은 네 장갑이니?
   B: 응, 그래.

➡ A: Are these your gloves?

   B: Yes, _____ _____.

MEMO

Grammar, ZAP!

ANSWER KEY

입문 1

★01 알파벳과 수 세기

Check Up

Q	q	s	S
R	r	T	t
p	P	A	a
d	D	H	h
i	I	f	F

Check Up   11쪽

seven	7
two	2
eleven	11
nineteen	19
six	6

Grammar Run   14~15쪽

A
1 C   2 F   3 L   4 J
5 P   6 b   7 d   8 r
9 n   10 g

B
1 o, i, a   2 o, a, u, a
3 i, u, a, a   4 o, a, a
5 i, o, a, u   6 u, e, a
7 o, u, e   8 u, e, a, e

C
1 (one)atreegg
2 ne(two)redog
3 obean(three)
4 (four)oomeet
5 earoo(five)ye
6 meetubu(six)
7 (seven)utray
8 tr(eight)ie
9 nidlea(nine)
10 ca(ten)oodle

11 e(eleven)ear
12 (twelve)tuck
13 foo(thirteen)
14 (fourteen)od
15 stuf(fifteen)
16 (sixteen)urse
17 era(seventeen)
18 (eighteen)od
19 va(nineteen)
20 bel(twenty)ell

Grammar Jump   16~17쪽

A
1 b   2 c   3 d   4 p
5 r   6 e   7 j   8 m
9 v   10 g   11 A   12 F
13 H   14 I   15 L   16 K
17 N   18 T   19 U   20 O

B
1 two   2 four
3 six   4 ten
5 nine   6 eleven
7 twelve   8 thirteen
9 fifteen   10 seventeen
11 eighteen   12 twenty

Grammar Fly   18~19쪽

A
1 dog   2 cat
3 bird   4 fish
5 lemon   6 ZEBRA
7 TIGER   8 COW
9 RABBIT   10 LION

B
1 one   2 three
3 seven   4 eight
5 ten   6 eleven
7 twelve   8 thirteen
9 fourteen   10 twenty

QUIZ .... 20~21쪽 ★

2
1 a	**2** b	**3** c	**4** d
5 E	**6** F	**7** G	**8** H
9 i	**10** j	**11** k	**12** l
13 M	**14** N	**15** O	**16** P
17 q	**18** r	**19** s	**20** t
21 U	**22** V	**23** W	**24** X
25 y	**26** z		

4
1 two	**2** four
3 five	**4** eight
5 nine	**6** eleven
7 twelve	**8** thirteen
9 fifteen	**10** eighteen
11 twenty	

★02 명사 (1)

★★★★★★★★★★★★★★★★★★★★★★★★★★

Check Up 24쪽 ★

1	사람 ———————	woman
2	장소 ———————	park
3	사물 ———————	book
4	동물·식물 ———————	dog
5	안 보이는 것 ———————	love

해설 dog 개, love 사랑, woman (성인) 여자,
park 공원, book 책

Check Up 25쪽 ★

1	water ———————	셀 수 없는 명사
2	book ———————	셀 수 있는 명사
3	flower ———————	셀 수 있는 명사
4	snow ———————	셀 수 없는 명사
5	paper ———————	셀 수 없는 명사

해설 water 물, book 책, flower 꽃, snow 눈,
paper 종이

Grammar Run 28~29쪽 ★

A
사람: girl ——————— man
사물: pencil ——————— bag
동물·식물: flower ——————— dog
안 보이는 것: love ——————— peace
장소: room ——————— house

B
1 C	**2** C	**3** U
4 C	**5** C	**6** U
7 C	**8** U	**9** U
10 U	**11** U	

Grammar Jump 30~31쪽 ★

A
1 boy	**2** bag
3 tiger	**4** tree
5 girl	**6** park
7 cow	**8** rabbit
9 peace	**10** city

B
1 셀 수 있는 명사	2 셀 수 없는 명사
cup	sand
cow	milk
boy	snow
room	water
dog	paper

Grammar Fly 32~33쪽 ★

A 사람

girl	Tom	boy	man

장소

park	city	house	room

사물

bag	book	pencil	cup

동물·식물

flower   rabbit   tiger   tree

안 보이는 것

love   idea   peace   time

B 셀 수 있는 명사

bag   dog   book   tiger
pencil   girl   cup   cat
woman   tree

셀 수 없는 명사

water   time   sand   love
milk   paper   peace   snow

해설 **A** bag 가방, love 사랑, girl 여자아이, idea 생각,
book 책, Tom 톰, peace 평화, boy 남자아이,
park 공원, city 도시, man 남자, house 집,
flower 꽃, pencil 연필, rabbit 토끼, cup 컵,
tiger 호랑이, tree 나무, room 방, time 시간

B bag 가방, water 물, dog 개, book 책,
tiger 호랑이, time 시간, pencil 연필,
sand 모래, girl 여자아이, cup 컵, cat 고양이,
love 사랑, woman 여자, milk 우유,
paper 종이, tree 나무, peace 평화, snow 눈

QUIZ .... 34~35쪽 ★

2 **1** 여자아이 (사람)
   2 남자 (사람)
   3 나무 (식물)
   4 사랑 (안 보이는 것)
   5 컵 (사물)
   6 가방 (사물)
   7 시간 (안 보이는 것)
   8 공원 (장소)

4 **1** 꽃 (C)   **2** 눈 (U)
   3 남자아이 (C)   **4** 우유 (U)
   5 주스 (U)   **6** 책 (C)
   7 집 (C)   **8** 종이 (U)

REVIEW · 01   36~39쪽

1 ❷	**2** ❸	**3** ❶
4 ❷	**5** ❷	**6** ❷
7 ❶	**8** five	**9** ten
10 thirteen	**11** ❸	**12** ❶
13 ❶	**14** ❷	**15** ❸
16 TREE	**17** sand	**18** cat
19 juice	**20** water	

REVIEW 해설

1 바르게 고치면 ❶ B – b(또는 D – d)이고, ❸ U – u
(또는 V – v)이다.

2 바르게 고치면 ❶ F – f(또는 E – e)이고, ❷ A – a(또
는 R – r)이다.

3 바르게 고치면 ❷ I – i(또는 J – j)이고, ❸ G – g(또는
C – c)이다.

4 모음은 2개(a, o)가 있고 나머지는 자음으로, 자음은 총
8개(eight)이다.

5 모음은 3개(e, i, u)가 있고 나머지는 자음으로, 자음은
총 7개(seven)이다.

6 바르게 고치면 ❶ 3 – three(또는 2 – two)이고,
❸ 9 – nine(또는 8 – eight)이다.

7 바르게 고치면 ❷ 12 – twelve(또는 20 – twenty)이
고, ❸ 16 – sixteen(또는 17 – seventeen)이다.

8 고양이 다섯 마리이므로 five cats가 알맞다.

9 연필이 열 자루 있으므로 ten pencils이다.

10 달걀이 열세 개 있으므로 thirteen eggs이다.

11 rabbit(토끼)은 동물의 이름으로 한 마리, 두 마리 등 셀
수 있는 명사이다.

12 cup(컵)은 사물의 이름으로 한 개, 두 개 개수를 셀 수
있는 명사이다.

13 sand(모래)는 모양이 정해져 있지 않기 때문에 셀 수 없
는 명사이다.

14 snow(눈)는 모양이 정해져 있지 않기 때문에 셀 수 없
는 명사이다.

15 paper(종이)는 자를수록 수가 늘어나는 명사이기 때문에 셀 수 없는 명사이다.

16 t의 대문자는 T, r의 대문자는 R, e의 대문자는 E이다. tree의 우리말 뜻은 '나무'이다.

17 S의 소문자는 s이고 A의 소문자는 a, N의 소문자는 n, D의 소문자는 d이다. sand의 우리말 뜻은 '모래'이다.

18 love(사랑), peace(평화), time(시간)은 눈에 보이지 않기 때문에 셀 수 없는 명사이고 cat(고양이)은 셀 수 있는 명사이다.

19 juice(주스)는 모양이 정해져 있지 않기 때문에 셀 수 없는 명사이다.

20 water(물)는 모양이 정해져 있지 않기 때문에 셀 수 없는 명사이다.

★ 03 명사 (2)

Check Up 42쪽

trees   babies   benches
dishes   girls   cities   foxes

> **해설** trees 나무들, box 상자, candy 사탕, babies 아기들, pen 펜, benches 벤치들, dishes 접시들, girls 여자아이들, bus 버스, cities 도시들, tomato 토마토, foxes 여우들

Check Up 43쪽

leaves   children   men
mice   teeth   oxen   geese

> **해설** woman 여자, leaves 나뭇잎들, children 어린이들, knife 칼, men 남자들, mice 쥐들, foot 발, teeth 치아들, oxen 황소들, geese 거위들

Grammar Run 46~47쪽

A
1	pen	—— s ——	pens
2	egg	—— s ——	eggs
3	monkey	—— s ——	monkeys
4	glass	—— es ——	glasses
5	ax	—— es ——	axes
6	bench	—— es ——	benches
7	dish	—— es ——	dishes
8	potato	—— es ——	potatoes
9	candy	—— y→ies ——	candies
10	lady	—— y→ies ——	ladies

B
1	foot	——	feet
2	deer	——	deer
3	tooth	——	teeth
4	knife	——	knives
5	wolf	——	wolves
6	leaf	——	leaves
7	man	——	men
8	child	——	children
9	mouse	——	mice
10	sheep	——	sheep

> **해설** A
> 1 펜 – 펜들   2 달걀 – 달걀들
> 3 원숭이-원숭이들   4 유리잔 – 유리잔들
> 5 도끼 – 도끼들   6 벤치 – 벤치들
> 7 접시 – 접시들   8 감자 – 감자들
> 9 사탕 – 사탕들   10 숙녀 – 숙녀들
>
> B 1 발 – 발들   2 사슴 – 사슴들
> 3 치아 – 치아들   4 칼 – 칼들
> 5 늑대 – 늑대들   6 (나뭇)잎 – (나뭇)잎들
> 7 남자 – 남자들   8 어린이 – 어린이들
> 9 쥐 – 쥐들   10 양 – 양들

Grammar Jump 48~49쪽

A
1	balls	2	birds
3	buses	4	foxes
5	watches	6	dishes
7	tomatoes	8	babies
9	keys	10	erasers

B
1	men	2	women
3	children	4	mice
5	sheep	6	feet
7	oxen	8	geese
9	teeth	10	deer

Grammar Fly 50~51쪽 ★

Grammar Fly

A
1	books	2	girls
3	buses	4	boxes
5	benches	6	dishes
7	tomatoes	8	ladies
9	boys	10	monkeys

B
1	two wolves	2	three leaves
3	two men	4	four mice
5	three children	6	three sheep
7	three teeth	8	two oxen
9	two women	10	three geese

해설 A
1 책 한 권 – 책 두 권
2 여자아이 한 명 – 여자아이 세 명
3 버스 한 대 – 버스 두 대
4 상자 한 개 – 상자 네 개
5 벤치 한 개 – 벤치 다섯 개
6 접시 한 개 – 접시 여섯 개
7 토마토 한 개 – 토마토 일곱 개
8 숙녀 한 명 – 숙녀 여덟 명
9 남자아이 한 명 – 남자아이 아홉 명
10 원숭이 한 마리 – 원숭이 열 마리

B
1 늑대 – 늑대 두 마리
2 (나뭇)잎 – (나뭇)잎 세 장
3 남자 – 남자 두 명
4 쥐 – 쥐 네 마리
5 어린이 – 어린이 세 명
6 양 – 양 세 마리
7 치아 – 치아 세 개
8 황소 – 황소 두 마리
9 여자 – 여자 두 명
10 거위 – 거위 세 마리

QUIZ 52~53쪽 ★

QUIZ

2
1	공	balls	공들
2	달걀	eggs	달걀들
3	버스	buses	버스들
4	상자	boxes	상자들
5	벤치	benches	벤치들
6	접시	dishes	접시들
7	토마토	tomatoes	토마토들
8	아기	babies	아기들

4
1	나뭇잎	leaves	나뭇잎들
2	칼	knives	칼들
3	늑대	wolves	늑대들
4	황소	oxen	황소들
5	어린이	children	어린이들
6	발	feet	발들
7	쥐	mice	쥐들
8	양	sheep	양들

Unit 04 관사

★★★★★★★★★★★★★★★★★★★★★★★★★★★★★★★★★

Check Up 56쪽 ★

Check Up

1 a —— pencil, dog
2 an —— egg, apple

해설 a pencil 연필 한 자루, a dog 개 한 마리,
an egg 달걀 한 개, an apple 사과 한 개

Check Up 57쪽 ★

Check Up

1 the boy
2 the sun
3 play the piano
4 have breakfast

Grammar Walk

58~59쪽

해설 **A** 1 책 한 권 2 연필 한 자루
3 컵 한 개 4 토끼 한 마리
5 개 한 마리 6 사과 한 개
7 달걀 한 개 8 이구아나 한 마리
9 오렌지 한 개 10 우산 한 개

B 1 그 여자아이를 봐.
2 그 남자를 봐.
3 태양을 봐.
4 달을 봐.
5 그 개는 귀엽다.
6 그 고양이는 귀엽다.
7 그 토끼는 귀엽다.
8 나는 피아노를 친다.
9 나는 바이올린을 켠다.
10 나는 북을 친다.

Grammar Run

60~61쪽

A 1 a 2 a 3 a 4 a
5 a 6 an 7 an 8 an
9 an 10 an

B 1 the 2 the 3 The 4 The
5 The 6 the 7 the 8 the
9 the 10 the

해설 **A** 1 나는 남자아이다.
2 나는 여자아이다.
3 나는 여자이다.
4 당신은 선생님이다.
5 당신은 가수이다.
6 당신은 배우이다.
7 그것은 사과이다.
8 그것은 오렌지이다.
9 그것은 우산이다.
10 그것은 달걀이다.

B 1 태양을 봐.
2 달을 봐.
3 그 남자아이는 행복하다.
4 그 여자아이는 행복하다.

5 그 남자는 행복하다.
6 나는 그 책을 좋아한다.
7 나는 그 도시를 좋아한다.
8 나는 그 원숭이를 좋아한다.
9 그들은 피아노를 친다.
10 그들은 북을 친다.

Grammar Jump

62~63쪽

A 1 a 2 a 3 an 4 a
5 an 6 an 7 a 8 an
9 an 10 a

B 1 the book 2 the sky
3 the moon 4 the sun
5 the violin 6 the piano
7 soccer 8 lunch
9 tennis 10 dinner

해설 **A** 1 나는 가수이다.
2 나는 의사이다.
3 당신은 배우이다.
4 당신은 간호사이다.
5 그것은 양파이다.
6 그것은 개미이다.
7 저것은 책상이다.
8 그것은 지우개이다.
9 그것은 이구아나이다.
10 그것은 책이다.

B 1 그 책을 봐.
2 하늘을 봐.
3 그것은 달이다.
4 이것은 태양이다.
5 나는 바이올린을 켠다.
6 너는 피아노를 친다.
7 우리는 축구를 한다.
8 나는 점심 식사를 한다.
9 그들은 테니스를 친다.
10 우리는 저녁 식사를 한다.

A 1 a   2 a   3 a   4 an
   5 a   6 an   7 an   8 an
   9 an   10 a

B 1 the   2 the   3 the   4 the
   5 the   6 ×   7 ×   8 the
   9 ×   10 ×

해설 **A** 1 나는 선생님이다.
   2 그는 남자아이다.
   3 그녀는 의사이다.
   4 그것은 달걀이다.
   5 나는 고양이 한 마리를 가지고 있다.
   6 나는 이구아나 한 마리를 가지고 있다.
   7 너는 사과 한 개를 가지고 있다.
   8 너는 우산 한 개를 가지고 있다.
   9 그것은 오렌지이다.
   10 그것은 펜이다.

   B 1 그 가수를 봐.
     2 그 물고기를 봐.
     3 그 개를 봐.
     4 태양을 봐.
     5 달을 봐.
     6 나는 테니스를 친다.
     7 나는 아침 식사를 한다.
     8 너는 피아노를 친다.
     9 너는 축구를 한다.
     10 너는 점심 식사를 한다.

QUIZ .... 66~67쪽 ⭐

2 1 a pig   2 a book
   3 an apple   4 an umbrella
   5 a woman   6 a lemon
   7 an egg   8 a zebra
   9 a tomato   10 an orange

4 1 the sun   2 the moon
   3 the sky   4 play the violin
   5 play tennis   6 have lunch

   7 have breakfast
   8 play soccer
   9 Look at the boy.
   10 Look at the dog.

해설 **2** 1 돼지 한 마리   2 책 한 권
   3 사과 한 개   4 우산 한 개
   5 여자 한 명   6 레몬 한 개
   7 달걀 한 개   8 얼룩말 한 마리
   9 토마토 한 개   10 오렌지 한 개

   4 1 태양
     2 달
     3 하늘
     4 바이올린을 연주하다
     5 테니스를 하다
     6 점심 식사를 하다
     7 아침 식사를 하다
     8 축구를 하다
     9 그 남자아이를 봐.
     10 그 개를 봐.

REVIEW ⭐ 02   68~71쪽

1 ❷   2 ❶   3 ❶
4 ❷   5 ❸   6 balls
7 ladies   8 ❶   9 ❷
10 ❸   11 ❶   12 ❷
13 ❸   14 an   15 the
16 children   17 teeth   18 the
19 a   20 the

REVIEW 해설

1 pen(펜)의 복수형은 pens이고, cat(고양이)의 복수형은 cats이다.

2 boy(남자아이)의 복수형은 boys이고, fox(여우)의 복수형은 foxes이다.

3 tomato(토마토)의 복수형은 tomatoes이고, lady(숙녀)의 복수형은 ladies이다.

4 candy(사탕)의 복수형은 candies이고, key(열쇠)의 복수형은 keys이다.

5 leaf(나뭇잎)의 복수형은 leaves이고, wolf(늑대)의 복수형은 wolves이다.

6 ball(공)은 끝에 -s를 붙여 복수형을 만든다.

7 lady(숙녀)는 「자음(d) + y」로 끝나므로 마지막 철자인 -y를 -ies로 고쳐 복수형을 만든다.

8 man(남자)의 복수형은 불규칙하게 변하는 형태로 men(남자들)이다.

9 foot(발)의 복수형은 불규칙하게 변하는 형태로 feet(발들)를 쓴다.

10 goose(거위)의 복수형은 불규칙하게 변하는 형태로 geese(거위들)를 쓴다.

11 dog(개)는 셀 수 있는 명사이고 '(특정하지 않은) 하나'를 가리키므로 부정관사 a를 써야 한다.
  • It is a dog. 그것은 개이다.

12 태양은 세상에 하나밖에 없는 유일한 것이므로 정관사 the를 쓴다.
  • It is the sun. 그것은 태양이다.

13 '식사하다'의 뜻으로 쓰일 때는 관사를 쓰지 않는다.
  • I have lunch. 나는 점심 식사를 한다.

14 ant(개미)는 셀 수 있는 명사이고 첫소리가 모음이므로 부정관사 an을 쓴다.
  • It is an ant. 그것은 개미이다.

15 '~을 연주하다'의 뜻으로 쓰일 때는 악기 이름 앞에 정관사 the를 쓴다.
  • I play the violin. 나는 바이올린을 켠다.

16 child(어린이)의 복수형은 불규칙하게 변하는 형태로 children(어린이들)이라고 쓴다.

17 tooth(치아)의 복수형은 불규칙하게 변하는 형태로 teeth(치아들)라고 쓴다.

18 '그 배우'와 같이 특정한 것을 가리킬 때는 정관사 the를 써야 한다.

19 lemon(레몬)은 셀 수 있는 명사이고 '(정해지지 않은) 하나'를 가리키므로 부정관사(a/an)를 써야 한다. lemon의 첫소리가 자음이므로 부정관사 a를 쓴다.

20 '악기를 연주하다'의 뜻으로 쓰일 때는 악기 이름 앞에 항상 정관사 the를 쓴다.

★○5 인칭대명사와 지시대명사

Check Up   74쪽

1 O   **2** O   **3** O   **4** X
5 X   **6** X

Check Up   75쪽

1 these ——————— 이것들
2 that ——————— 저것
3 those ——————— 저것들
4 this ——————— 이것

Grammar Walk   76~77쪽

해설 **B** **1** 이것   **2** 이것들
        3 저것   **4** 저것들
        5 이 상자   **6** 저 상자
        7 이 상자들   **8** 저 상자들

Grammar Run   78~79쪽

A **1** I   **2** he   **3** you
      4 she   **5** they   **6** we
      7 it   **8** I   **9** they
      10 he

B **1** This   **2** That
      3 These   **4** Those
      5 These   **6** Those
      7 This   **8** That
      9 These   **10** Those

해설 **A** **1** one 하나, I 나, cat 고양이, the (특정한) 바로 그~
        2 bird 새, singer 가수, he 그, park 공원
        3 you 너/너희, dog 개, two 둘, woman 여자
        4 foot 발, water 물, an 하나의, she 그녀
        5 they 그들/그것들, bag 가방, singer 가수,

mouse 쥐

6 man 남자, tooth 치아, we 우리, Tom 톰
7 juice 주스, it 그것, violin 바이올린, four 넷
8 lion 사자, desk 책상, teacher 선생님, I 나
9 piano 피아노, they 그들/그것들, ant 개미,
   Seoul 서울
10 candy 사탕, child 어린이, he 그, milk 우유

B 1 이것은 북이다.
  2 저것은 의자이다.
  3 이것들은 택시이다.
  4 저것들은 사과이다.
  5 이것들은 손목시계이다.
  6 저것들은 지우개이다.
  7 이 비행기는 파란색이다.
  8 저 배는 파란색이다.
  9 이 아기들은 행복하다.
  10 저 어린이들은 행복하다.

Grammar Jump
80~81쪽

A 1 I   2 she   3 they
   4 it   5 you   6 우리
   7 그   8 그것   9 너
   10 그들

B 1 This, That   2 This, That
   3 These, Those   4 This, That
   5 These, Those

해설 **B** 1 이것은 사자이다. / 저것은 얼룩말이다.
  2 이것은 택시이다. / 저것은 버스이다.
  3 이것들은 감자이다. / 저것들은 토마토이다.
  4 이 남자아이는 키가 크다. /
    저 여자아이는 귀엽다.
  5 이 바지들은 파란색이다. /
    저 치마들은 초록색이다.

Grammar Fly
82~83쪽

A 1 she   2 I   3 you
   4 they   5 it   6 you
   7 he   8 we

B 1 This   2 That
   3 That   4 These
   5 These   6 Those
   7 That   8 This
   9 Those   10 These

해설 **A** I 나, you 너, he 그, she 그녀, it 그것,
    we 우리, they 그들/그것들

   B this 이것/이 사람, that 저것/저 사람,
    these 이것들/이 사람들, those 저것들/
    저 사람들

QUIZ
84~85쪽

2 1 we   2 you
   3 they   4 they

4 1 these   2 those
   3 this girl   4 those boys

---

06 인칭대명사의 주격과 목적격

Check Up
88쪽

1 we ——— 우리는
2 she ——— 그녀는
3 I ——— 나는
4 they ——— 그들은
5 he ——— 그는
6 it ——— 그것은

Check Up
89쪽

me   him   her   them

해설 they 그들은, me 나를, I 나는, him 그를,
    her 그녀를, we 우리는, he 그는,
    them 그들을/그것들을, she 그녀는

Grammar Walk

해설 A
1 나는 행복하다. 2 너[너희]는 행복하다.
3 그는 슬프다. 4 그녀는 슬프다.
5 그것은 말랐다. 6 우리는 말랐다.
7 그들은 게으르다. 8 너[너희]는 게으르다.
9 그녀는 부지런하다. 10 그는 부지런하다.

B
1 나는 너를 좋아한다.
2 나는 그를 좋아한다.
3 너[너희]는 그녀를 좋아한다.
4 너[너희]는 나를 좋아한다.
5 그들은 그것을 대단히 좋아한다.
6 그들은 우리를 대단히 좋아한다.
7 우리는 너[너희]를 대단히 좋아한다.
8 우리는 그들을 매일 찾아간다.
9 그 학생들은 그를 매일 찾아간다.
10 그 학생들은 그녀를 매일 찾아간다.

Grammar Run

A
1 I	2 You	3 She
4 He	5 We	6 They
7 It	8 They	9 She
10 You		

B
1 her	2 them	3 you
4 me	5 it	6 us
7 them	8 him	9 me
10 her		

해설 A
1 나는 의사이다. 2 당신은 의사이다.
3 그녀는 가수이다. 4 그는 가수이다.
5 우리는 농부이다. 6 그들은 농부이다.
7 그것은 돼지이다. 8 그것들은 돼지이다.
9 그녀는 선생님이다. 10 당신들은 선생님이다.

B
1 나는 그녀를 매일 만난다.
2 나는 그들을 매일 만난다.
3 그들은 너[너희]를 안다.
4 그들은 나를 안다.
5 너[너희]는 그것을 좋아한다.
6 너[너희]는 우리를 좋아한다.
7 우리는 그들[그것들]을 대단히 좋아한다.

8 우리는 그를 대단히 좋아한다.
9 그 간호사들은 나를 매일 찾아온다.
10 그 간호사들은 그녀를 매일 찾아간다.

Grammar Jump

A
1 I	2 You	3 She
4 He	5 It	6 They
7 We	8 I	9 You
10 They		

B
1 me	2 them	3 him
4 her	5 you	6 him
7 him	8 us	9 them
10 you		

해설 A
1 나는 약하다.
2 너[너희]는 튼튼하다.
3 그녀는 간호사이다.
4 그는 요리사이다.
5 그것은 기린이다.
6 그것들은 늑대이다.
7 우리는 매일 점심 식사를 한다.
8 나는 매일 야구를 한다.
9 너[너희]는 매일 저녁 식사를 한다.
10 그들은 매일 야구를 한다.

B
1 너[너희]는 나를 대단히 좋아한다.
2 나는 그들을 대단히 좋아한다.
3 그들은 그를 안다.
4 우리는 그녀를 안다.
5 나는 너[너희]를 매주 만난다.
6 나는 그를 매주 만난다.
7 그 어린이들은 그를 좋아한다.
8 그 여자아이들은 우리를 좋아한다.
9 그 남자들은 매주 그들을 찾아간다.
10 그 여자들은 매주 너[너희]를 찾아간다.

Grammar Fly

A
1 I	2 They	3 We
4 He	5 She	6 It
7 She	8 You	9 They
10 I		

B 1 him   2 her   3 you
    4 us   5 me   6 him
    7 it   8 them   9 me
    10 you

해설   A   1   나는 귀엽다.
           2   그들은 키가 크다.
           3   우리는 똑똑하다.
           4   그는 키가 작다.
           5   그녀는 젊다.
           6   그것은 이구아나이다.
           7   그녀는 가수이다.
           8   너[너희]는 바이올린을 켠다.
           9   그들은 테니스를 친다.
           10   나는 저녁 식사를 한다.

        B   1   나는 그를 좋아한다.
           2   너[너희]는 그녀를 대단히 좋아한다.
           3   우리는 너[너희]를 좋아한다.
           4   그들은 매주 우리를 찾아온다.
           5   너[너희]는 나를 안다.
           6   그 선생님들은 그를 안다.
           7   그 가수들은 그것을 대단히 좋아한다.
           8   그 간호사들은 그들[그것들]을 안다.
           9   그 농부들은 나를 좋아한다.
           10   그 의사들은 매주 너[너희]를 찾아간다.

Q**UIZ** .... 98~99쪽 ★

2   1   you   2   he   3   they
4   1   me   2   us   3   her

R**EVIEW** ★ 03
100~103쪽

1 you	2 we	3 ❶
4 ❸	5 ❶	6 ❷
7 ❶	8 ❷	9 ❶
10 ❷	11 ❶	12 ❸
13 ❷	14 ❸	15 ❶
16 You	17 She	18 him
19 That	20 These	

REVIEW 해설

1   '너'를 가리키는 그림이므로 2인칭 단수인 you를 쓴다.

2   '우리'를 나타내는 그림이므로 1인칭 복수인 we를 쓴다.

3   가까이에 있는 사물 하나를 가리킬 때는 '이것'이라는 뜻을 가진 this를 쓴다.

4   멀리 있는 것 하나를 가리킬 때는 '저것'이라는 뜻인 that을 쓴다.

5   멀리 있는 여러 개의 사물을 가리킬 때는 '저것들'이라는 뜻을 가진 those를 쓴다.

6   I의 복수형은 we이고 you의 복수형은 같은 모양의 you이다.

7   he와 she의 복수형은 they이고 you는 단수형과 복수형의 형태가 같다.

8   지시대명사 that의 복수형은 those이고, this의 복수형은 these이다.

9   he의 목적격은 him을 쓰고 you는 주격과 목적격이 모두 같은 형태로 you를 쓴다.

10   we의 목적격은 us이고 she의 목적격은 her이다. him은 he의 목적격이다.

11   빈칸에 '나는'의 의미가 필요하므로 '~은/는'의 의미를 가진 인칭대명사의 주격 I를 쓴다.

12   빈칸에 '그것은'의 의미가 필요하므로 '~은/는'의 의미를 가진 인칭대명사의 주격 It을 쓴다.

13   빈칸에 '그들은'의 의미가 필요하므로 '~은/는'의 의미를 가진 인칭대명사 주격 They를 쓴다.

14   빈칸에 '그녀를'의 의미가 필요하므로 '~을/를'의 의미를 가진 인칭대명사의 목적격 her를 쓴다.

15   빈칸에 '우리를'의 의미가 필요하므로 '~을/를'의 의미를 가진 인칭대명사 목적격 us를 쓴다.

16   '너희는'에 해당하는 말은 you이다. 또한 문장의 첫 글자는 대문자를 써야 하므로 이를 주의하도록 한다.

17   '그녀는'에 해당하는 말은 she이고 문장의 첫 글자는 대문자로 쓴다.

18   '그를'에 해당하는 말은 him이다.

19   '저것은'에 해당하는 말은 that으로 멀리 있는 사람이나

사물 하나를 가리킬 때 사용한다. 문장의 첫 글자는 대문자로 쓴다.

20 '이것들은'에 해당하는 말은 these로 가까이 있는 사물이나 사람 여럿을 가리킬 때 사용한다.

07 인칭대명사의 소유격

Check Up
106쪽

1	you	—	your
2	he	—	his
3	they	—	their
4	we	—	our
5	I	—	my

해설 1 너[너희]는 – 너[너희]의 2 그는 – 그의
3 그들[그것들]은 – 그들[그것들]의
4 우리는 – 우리의 5 나는 – 나의

Check Up
107쪽

1	hers	—	그녀의 것
2	ours	—	우리의 것
3	mine	—	나의 것
4	theirs	—	그들의 것
5	his	—	그의 것
6	yours	—	너의 것

Grammar Walk
108~109쪽

해설 **A** 1 내 다리는 길다.
2 네 다리는 길다.
3 그것의 다리는 짧다.
4 그들의 다리는 짧다.
5 그의 고양이는 귀엽다.
6 그녀의 고양이는 귀엽다.
7 그는 우리의 오빠이다.

8 그녀는 그들의 언니이다.
9 그들은 네 형제이다.
10 그들은 그녀의 자매이다.

B 1 이것은 네 것이다.
2 저것은 내 것이다.
3 그 연은 그녀의 것이다.
4 그 연은 그의 것이다.
5 이 공은 우리의 것이다.
6 저 공은 그들의 것이다.
7 이 북들은 우리의 것이다.
8 저 북들은 너희의 것이다.
9 이 로봇들은 내 것이다.
10 저 로봇들은 그녀의 것이다.

Grammar Run
110~111쪽

A
1 His	2 Its	3 Your
4 Her	5 My	6 her
7 my	8 their	9 his
10 our		

B
1 mine	2 hers	3 mine
4 his	5 yours	6 theirs
7 hers	8 his	9 ours
10 yours		

해설 **A** 1 그의 코는 길다.
2 그것의 코는 길다.
3 네 여동생은 똑똑하다.
4 그녀의 남동생은 똑똑하다.
5 내 자매들은 말랐다.
6 그는 그녀의 아빠이시다.
7 그녀는 우리 엄마이시다.
8 그녀는 그들의 할머니이시다.
9 그녀는 그의 할머니이시다.
10 그는 우리의 할아버지이시다.

B 1 이것은 내 것이다.
2 저것은 그녀의 것이다.
3 그 야구 방망이는 내 것이다.
4 그 야구 방망이는 그의 것이다.
5 그 연은 네 것이다.
6 그 연들은 그들의 것이다.
7 이 인형은 그녀의 것이다.

8 저 인형은 그의 것이다.
9 이 장난감들은 우리의 것이다.
10 저 장난감들은 너희의 것이다.

Grammar Jump

A
1 Our   2 His   3 Her
4 Your   5 My   6 Its
7 my   8 their   9 her
10 their

B
1 hers   2 yours   3 hers
4 his   5 mine   6 mine
7 yours   8 theirs   9 his
10 ours

해설 **A**
1 우리 선생님은 키가 작으시다.
2 그의 남동생은 키가 크다.
3 그녀의 여동생은 귀엽다.
4 네 남동생들은 똑똑하다.
5 내 눈은 크다.
6 그것의 귀는 길다.
7 그는 우리 아빠이시다.
8 그것은 그들의 개이다.
9 이것은 그녀의 피아노이다.
10 저것들은 그들의 자전거이다.

B
1 저것은 그녀의 것이다.
2 그것들은 네 것이다.
3 그 돼지는 그녀의 것이다.
4 그 원숭이는 그의 것이다.
5 그 우산은 내 것이다.
6 이 모자는 내 것이다.
7 이 연필은 네 것이다.
8 저 집은 그들의 것이다.
9 이 신발은 그의 것이다.
10 저 사탕들은 우리의 것이다.

Grammar Fly
114~115쪽

A
1 My   2 Its   3 Her
4 Our   5 Their   6 his
7 your   8 my   9 her

10 your

B
1 his   2 yours   3 mine
4 hers   5 ours   6 theirs
7 theirs   8 his   9 ours
10 hers

해설 **A**
1 우리 아빠는 배우이시다.
2 그것의 목은 길다.
3 그녀의 이름은 리사이다.
4 우리의 치마는 초록색이다.
5 그들의 개는 크다.
6 그녀는 그의 선생님이다.
7 그것은 네 공이다.
8 그들은 내 친구들이다.
9 이 아이들은 그녀의 아이들이다.
10 나는 네 누나를 좋아한다.

B
1 저것은 그의 것이다.
2 이것은 네 것이다.
3 저것은 내 것이다.
4 그 바이올린은 그녀의 것이다.
5 그 방은 우리의 것이다.
6 그 버스들은 그들의 것이다.
7 이 개는 그들의 것이다.
8 저 가방은 그의 것이다.
9 이 모자들은 우리의 것이다.
10 저 바지는 그녀의 것이다.

QUIZ
116~117쪽

2
1 our   2 your   3 her
4 their

4
1 mine   2 ours   3 yours
4 theirs

14 정답 및 해설

★08 be동사 am, are, is

Check Up
120쪽

1	I	am
2	he / she / it	is
3	we / you / they	are
4	this / that	is
5	these / those	are

해설
1 나는 − ~이다[하다/있다]
2 그는 / 그녀는 / 그것은 − ~이다[하다/있다]
3 우리는 / 너희는 / 그들은 − ~이다[하다/있다]
4 이것은 / 저것은 − ~이다[하다/있다]
5 이것들은 / 저것들은 − ~이다[하다/있다]

Check Up
121쪽

1	I am	I'm
2	they are	they're
3	he is	he's
4	that is	that's
5	you are	you're

해설
1 나는 ~이다[하다/있다]
2 그들은 ~이다[하다/있다]
3 그는 ~이다[하다/있다]
4 저것은 ~이다[하다/있다]
5 너[너희]는 ~이다[하다/있다]

Grammar Walk
122~123쪽

해설 A
1 나는 행복하다.
2 그것은 내 인형이다.
3 그녀는 아프다.
4 너는 귀엽다.
5 그들은 배가 고프다.
6 저것은 그녀의 풀이다.
7 저것들은 네 연필이다.
8 이것들은 그의 연필이다.
9 그 연들은 그녀의 것이다.

10 그 로봇들은 그의 것이다.

B 1 나는 학생이다.
2 당신은 농부이다.
3 그는 우리 삼촌이다.
4 그녀는 우리 이모이다.
5 우리는 친구이다.
6 당신들은 선생님이다.
7 그들은 의사이다.
8 그것은 양파이다.
9 그것들은 양파이다.
10 저것은 비행기이다.

Grammar Run
124~125쪽

A			
1 am	2 are	3 is	
4 is	5 are	6 is	
7 is	8 are	9 is	
10 are			

B		
1 I'm	2 You're	
3 He's	4 She's	
5 We're	6 You're	
7 They're	8 It's	
9 That's	10 They're	

해설 A
1 나는 배우이다.
2 당신은 경찰관이다.
3 그녀는 선생님이다.
4 그는 의사이다.
5 우리는 학생이다.
6 그것은 그녀의 자이다.
7 저것은 그녀의 고양이이다.
8 이것들은 그의 개이다.
9 이 여자아이는 친절하다.
10 그 남자아이들은 친절하다.

B 1 나는 뚱뚱하다.
2 너는 친절하다.
3 그는 말랐다.
4 그녀는 행복하다.
5 우리는 경찰관이다.
6 당신들은 농부이다.
7 그들은 요리사이다.
8 그것은 설탕이다.

9 저것은 코끼리이다.
10 그것들은 포도이다.

Grammar Jump
126~127쪽 ★

A
1 am	2 are	3 are
4 is	5 is	6 is
7 are	8 is	9 is
10 are		

B
1 I	2 You	3 That
4 We	5 You	6 This
7 She	8 They	9 It
10 These		

해설 **A** 1 나는 가수이다.
2 우리는 선생님이다.
3 너는 내 친구이다.
4 그녀는 우리 이모이시다.
5 그것은 이구아나이다.
6 이것은 내 책상이다.
7 저것들은 그녀의 공책이다.
8 저것은 네 공책이다.
9 그 사과는 초록색이다.
10 저 사과들은 빨갛다.

B 1 나는 간호사이다.
2 너는 예쁘다.
3 저것은 거미이다.
4 우리는 약하다.
5 너희는 내 친구이다.
6 이것은 그녀의 바이올린이다.
7 그녀는 우리 엄마이시다.
8 그들은 소방관이다.
9 그것은 그의 책이다.
10 이것들은 네 공책이다.

Grammar Fly
128~129쪽 ★

A
1 am	2 are	3 is
4 are	5 is	6 is
7 are	8 are	9 is
10 are		

B
1 You're	2 That's
3 It's	4 They're
5 She's	6 I'm
7 He's	8 We're
9 You're	10 They're

해설 **A** 1 나는 약하다.
2 우리는 튼튼하다.
3 그녀는 예쁘다.
4 그들은 뚱뚱하다.
5 그것은 거위이다.
6 이것은 내 컴퓨터이다.
7 저것들은 내 펜이다.
8 그 강아지들은 귀엽다.
9 우리 엄마는 예쁘시다.
10 우리 오빠들은 잘생겼다.

B 1 너는 내 친구이다.
2 저것은 오렌지이다.
3 그것은 네 우산이다.
4 그들은 비행기 조종사이다.
5 그녀는 예쁘다.
6 나는 똑똑하다.
7 그는 우리 할아버지이시다.
8 우리는 튼튼하다.
9 당신들은 소방관이다.
10 그것들은 그의 자전거이다.

★QUIZ
130~131쪽 ★

2
1 am	2 are	3 is
4 are	5 is	6 are

4
1 I'm	2 we're
3 they're	4 he's
5 it's	6 that's

5
1 is	2 are

REVIEW · 04

132~135쪽

1 ❷	2 ❸	3 ❷
4 is	5 are	6 ❸
7 ❷	8 ❶	9 ❸
10 ❶	11 ❶	12 ❷
13 ❶	14 ❸	15 ❶
16 My	17 yours	18 his
19 are	20 He is	

REVIEW 해설

1 ❶을 바르게 고치면 your piano가 되고, ❸을 바르게 고치면 her dad가 된다.

2 ❶을 바르게 고치면 my doll이 되고, ❷를 바르게 고치면 your bikes가 된다.

3 ❶을 바르게 고치면 its ear가 되고, ❸을 바르게 고치면 his robot이 된다.

4 주어가 She이므로 be동사 is를 써야 한다.

5 주어가 They이므로 be동사 are를 써야 한다.

6 'Her name(그녀의 이름)'에서 Her는 name이라는 명사를 꾸며 주는 소유격 인칭대명사이다.
❶ They like her. 그들은 그녀를 좋아한다.: '~를'의 의미로 like(좋아하다)의 목적어가 되어야 하므로 she(그녀는)가 아닌 her(그녀를)가 맞다.
❷ The piano is hers. 그 피아노는 그녀의 것이다.: 뒤에 명사가 없이 혼자 나와서 '~의 것'이라는 의미로 쓸 수 있는 것은 hers(그녀의 것)이다.
❸ 그녀의 이름은 리사이다.

7 ours는 뒤에 명사가 없이 혼자 나와서 '우리의 것'이라는 의미로 쓰인 소유대명사이다.
❶ Our dog is smart. 우리 개는 똑똑하다.: dog이라는 명사 앞에서 '~의'라는 의미이므로 ours(우리의 것)가 아니라 our(우리의)가 되어야 한다.
❷ 그 방은 우리의 것이다.
❸ They visit us every day. 그들은 매일 우리를 찾아온다.: '~을/를'의 의미로 동사 visit(방문하다)의 목적어 자리에 있으므로 we(우리는)는 us(우리를)가 되어야 한다.

8 'His mom(그의 엄마)'에서 His는 mom이라는 명사를 꾸며 주는 소유격 인칭대명사이다.
❶ 그의 엄마는 비행기 조종사이시다.
❷ Those mittens are his. 저 벙어리장갑은 그의 것

이다.: 뒤에 명사 없이 혼자 나와서 '~의 것'이라는 의미가 되어야 하므로 him(그를)이 아니라 his(그의 것)가 되어야 한다.
❸ We know him. 우리는 그를 알고 있다.: know(알다)라는 동사 앞에서 '~은/는'의 의미의 주어가 되어야 하므로 Our(우리의)가 아니라 We(우리는)가 되어야 한다.

9 뒤에 명사 없이 혼자 나와서 '~의 것'이라는 의미가 되어야 하므로 mine(나의 것)이 알맞다.
❶ They are my friends. 그들은 내 친구들이다.: friends(친구들)라는 명사 앞에서 '~의'라는 의미이므로 me(나를)가 아니라 my(나의)가 되어야 한다.
❷ You meet her every day. 너는 그녀를 매일 만난다.: '~을/를'의 의미로 동사 meet(만나다)의 목적어 자리에 있으므로 hers(그녀의 것)는 her(그녀를)가 되어야 한다.
❸ 저 지우개는 내 것이다.

10 'your brother(네 오빠)'에서 your는 brother라는 명사를 꾸며 주는 소유격 인칭대명사이다.
❶ 나는 네 오빠를 좋아한다.
❷ These caps are yours. 이 모자들은 네 것이다.: 뒤에 명사 없이 혼자 나와서 '~의 것'이라는 의미가 되어야 하므로 you(너는/너를)가 아니라 yours(너의 것)가 되어야 한다.
❸ Its nose is long. 그것의 코는 길다.: nose(코)라는 명사 앞에서 '~의'라는 의미이므로 It's가 아니라 Its(그것의)가 되어야 한다. It's는 it의 소유격이 아니라 It is의 줄임말이다.

11 I am은 아포스트로피(')를 사용하여 be동사 am의 a를 빼고 I'm으로 줄여 쓸 수 있다.
· 나는 배우이다.

12 They are는 아포스트로피(')를 사용하여 be동사 are의 a를 빼고 They're로 줄여 쓸 수 있다.
· 그들은 경찰관이다.

13 He is는 아포스트로피(')를 사용하여 be동사 is의 i를 빼고 He's로 줄여 쓸 수 있다.
· 그는 말랐다.

14 주어가 단수일 때 be동사는 is, 복수일 때 be동사는 are를 쓴다. 단수인 The cat 뒤에는 is, 복수인 The giraffes 뒤에는 are를 쓰면 된다.
· 그 고양이는 귀엽다.
· 그 기린들은 키가 크다.

15 That은 단수이므로 is, Those shoes는 복수이므로 are를 쓰면 된다.
· 저것은 내 집이다.

정답 및 해설 **17**

・저 신발들은 내 것이다.

16 빈칸에는 명사 앞에서 '~의'의 의미를 나타내는 소유격 표현이 필요하다. I의 소유격은 my이다.
・우리 엄마는 선생님이시다.

17 빈칸에는 '~의 것'의 의미를 나타내는 소유대명사가 필요하다. you의 소유대명사는 yours이다.
・그 우산은 네 것이다.

18 빈칸에는 '~의'의 의미를 나타내는 소유격 표현이 필요하다. he와 짝이 되는 소유격 표현은 his이다.
・이것들은 그의 야구 방망이다.

19 The tomatoes는 복수형이므로 주어가 복수일 때 짝이 되는 be동사 are를 써야 한다.

20 첫 번째 빈칸은 주어 자리로 '그는'의 의미가 필요하고, 두 번째 빈칸은 '~이다'의 의미를 나타내는 be동사가 필요하다. 따라서 빈칸에는 인칭대명사 주격인 He와 그와 짝이 되는 be동사 is를 써야 한다.

⭐09 be동사의 부정문과 의문문(1)

Check Up
138쪽

1	~이다	2	~가 아니다
3	~하다	4	~하지 않다

해설
1 나는 선생님이다.
2 나는 선생님이 아니다.
3 그는 키가 크다.
4 그는 키가 크지 않다.

Check Up
139쪽

1	P	2	Q	3	Q	4	P
5	P	6	Q	7	Q	8	P

해설
1 그는 간호사이다.
2 그는 간호사니?
3 너는 키가 크니?
4 너는 키가 크다.
5 그들은 형제이다.
6 그들은 형제니?
7 그것은 호랑이니?
8 그것은 호랑이다.

Grammar Walk
140~141쪽

해설 **A**
1 나는 화가 나 있지 않다.
2 너는 아프지 않다.
3 그는 마르지 않았다.
4 그녀는 뚱뚱하지 않다.
5 그것은 내 강아지가 아니다.
6 우리는 약하지 않다.
7 당신들은 소방관이 아니다.
8 그들은 경찰관이 아니다.
9 그것들은 내 셔츠가 아니다.
10 그는 우리 오빠가 아니다.

B
1 A: 당신은 비행기 조종사입니까?
  B: 아니요, 그렇지 않아요.
2 A: 그는 배가 고프니?
  B: 응, 그래.
3 A: 그녀는 목이 마르니?
  B: 아니, 그렇지 않아.
4 A: 너희는 학생이니?
  B: 아니, 그렇지 않아.
5 A: 그들은 의사니?
  B: 응, 그래.
6 A: 그것은 오래되었니?
  B: 응, 그래.
7 A: 그것들은 새것이니?
  B: 아니, 그렇지 않아.
8 A: 네가 제인이니?
  B: 응, 그래.
9 A: 당신들은 간호사입니까?
  B: 네, 그래요.
10 A: 그는 잘생겼니?
  B: 아니, 그렇지 않아.

Grammar Run
142~143쪽

A
1	am not	2	are not
3	is not	4	is not
5	are not	6	are not
7	are not	8	is not
9	are not	10	am not

B
1	No	2	Yes	3	No	4	Yes
5	No	6	Yes	7	Yes	8	No
9	Yes	10	No				

A 1 나는 무용수가 아니다.

2 당신은 선생님이 아니다.

3 그는 간호사가 아니다.

4 그녀는 가수가 아니다.

5 우리는 농부가 아니다.

6 너희는 학생이 아니다.

7 그들은 요리사가 아니다.

8 그것은 내 새끼 고양이가 아니다.

9 그것들은 배가 아니다.

10 나는 그의 친구가 아니다.

B 1 A: 네가 샘이니?
B: 아니, 그렇지 않아.

2 A: 그는 힘이 세니?
B: 응, 그래.

3 A: 그녀는 예쁘니?
B: 아니, 그렇지 않아.

4 A: 그것은 맛있니?
B: 응, 그래.

5 A: 그들은 친절하니?
B: 아니, 그렇지 않아.

6 A: 그것들은 맛이 시니?
B: 응, 그래.

7 A: 너희는 그의 여자 형제니?
B: 응, 그래.

8 A: 그는 네 아버지시니?
B: 아니, 그렇지 않아.

9 A: 그녀는 네 어머니시니?
B: 응, 그래.

10 A: 그들은 네 삼촌이시니?
B: 아니, 그렇지 않아.

A 1 나는 게으르지 않다.

2 너는 빠르지 않다.

3 그녀는 느리지 않다.

4 그것은 달지 않다.

5 우리는 배가 고프지 않다.

6 너희는 형제가 아니다.

7 그들은 행복하지 않다.

8 그는 약하지 않다.

9 그것들은 복숭아가 아니다.

10 나는 존이 아니다.

B 1 A: 당신은 무용수입니까?
B: 네, 그래요.

2 A: 그녀는 네 어머니시니?
B: 아니, 그렇지 않아.

3 A: 그는 네 친구니?
B: 응, 그래.

4 A: 그것은 네 필통이니?
B: 아니, 그렇지 않아.

5 A: 당신들은 경찰관입니까?
B: 네, 그래요.

6 A: 그들은 네 이모시니?
B: 응, 그래.

7 A: 너는 배가 고프니?
B: 아니, 그렇지 않아.

8 A: 그는 말랐니?
B: 아니, 그렇지 않아.

9 A: 그것은 네 애완동물이니?
B: 응, 그래.

10 A: 그것들은 네 공이니?
B: 아니, 그렇지 않아.

Grammar Jump 144~145쪽

A 1 am not 2 are not
3 is not 4 is not
5 are not 6 aren't
7 aren't 8 isn't
9 aren't 10 I'm not

B 1 Are 2 Is
3 Is 4 Is
5 Are 6 they are
7 I'm not 8 he isn't
9 it is 10 they aren't

Grammar Fly 146~147쪽

A 1 am not 2 are not
3 is not 4 is not
5 are not 6 isn't
7 aren't 8 isn't
9 aren't 10 aren't

B 1 Are 2 Is
3 Is 4 Are
5 Is 6 we are
7 she isn't 8 he is
9 it isn't 10 they are

A
1 나는 춥다. → 나는 춥지 않다.
2 너는 똑똑하다. → 너는 똑똑하지 않다.
3 그녀는 예쁘다. → 그녀는 예쁘지 않다.
4 그는 잘생겼다. → 그는 잘생기지 않았다.
5 그들은 친절하다. → 그들은 친절하지 않다.
6 그것은 맛있다. → 그것은 맛있지 않다.
7 그것들은 맛이 시다.
  → 그것들은 맛이 시지 않다.
8 그는 우리 아버지이시다.
  → 그는 우리 아버지가 아니시다.
9 그것들은 내 크레용이다.
  → 그것들은 내 크레용이 아니다.
10 우리는 배가 고프다.
  → 우리는 배가 고프지 않다.

B
1 A: 너는 그의 여동생이니?
  B: 응, 그래.
2 A: 그는 네 할아버지시니?
  B: 아니, 그렇지 않아.
3 A: 그녀는 농부이니?
  B: 응, 그래.
4 A: 그들은 네 선생님이시니?
  B: 아니, 그렇지 않아.
5 A: 그것은 그녀의 배낭이니?
  B: 응, 그래.
6 A: 너희는 학생이니?
  B: 응, 그래.
7 A: 그녀는 네 이모시니?
  B: 아니, 그렇지 않아.
8 A: 그는 네 삼촌이시니?
  B: 응, 그래.
9 A: 그것은 네 표니?
  B: 아니, 그렇지 않아.
10 A: 그것들은 네 신발이니?
  B: 응, 그래.

QUIZ
148~149쪽 ★

2
1 aren't   2 not
3 isn't   4 are not
5 aren't

4
1 I am   2 isn't
3 Is   4 Is
5 is   6 aren't
7 we are   8 Are

Unit 10 be동사의 부정문과 의문문(2)

Check Up
152쪽 ★

1 ❷   2 ❷   3 ❷
4 ❷   5 ❷

1 이것은 이구아나이다.
2 저것은 택시이다.
3 저것들은 내 것이다.
4 이것들은 내 연필이다.
5 저것은 그녀의 자전거이다.

Check Up
153쪽 ★

1 Q   2 P   3 P   4 Q
5 Q   6 P   7 P   8 Q
9 Q   10 P

1 이것은 네 가방이니?
2 이것은 내 가방이다.
3 저것은 그녀의 책이다.
4 저것은 그녀의 책이니?
5 이것들은 네 펜이니?
6 이것들은 내 펜이다.
7 저것들은 그들의 컵이다.
8 저것들은 그들의 컵이니?
9 이것은 그의 모자이니?
10 이것은 그의 모자이다.

Grammar Walk
154~155쪽 ★

A
1 이것은 달걀이 아니다.
2 저것은 새가 아니다.
3 이것들은 호랑이가 아니다.
4 저것들은 토끼가 아니다.
5 이것은 지우개가 아니다.
6 저것은 감자가 아니다.
7 이것들은 토마토가 아니다.
8 저것들은 양파가 아니다.
9 이것은 내 외투가 아니다.
10 저것들은 내 스웨터가 아니다.

B 1 A: 이것은 오렌지니?
　　B: 응, 그래.
　2 A: 저것은 이구아나니?
　　B: 아니, 그렇지 않아.
　3 A: 이것들은 캥거루니?
　　B: 응, 그래.
　4 A: 저것들은 크레용이니?
　　B: 아니, 그렇지 않아.
　5 A: 이것은 네 잉크니?
　　B: 아니, 그렇지 않아.
　6 A: 저것은 네 스카프니?
　　B: 응, 그래.
　7 A: 이것들은 네 신발이니?
　　B: 아니, 그렇지 않아.
　8 A: 저것들은 네 양말이니?
　　B: 응, 그래.
　9 A: 저것은 네 치마니?
　　B: 아니, 그렇지 않아.
　10 A: 저것은 네 바지니?
　　B: 아니, 그렇지 않아.

B 1 A: 이것은 의자니?
　　B: 응, 그래.
　2 A: 저것은 모자니?
　　B: 아니, 그렇지 않아.
　3 A: 이것들은 그의 벙어리장갑이니?
　　B: 응, 그래.
　4 A: 저것들은 그녀의 바지니?
　　B: 아니, 그렇지 않아.
　5 A: 이것은 네 점심 식사니?
　　B: 아니, 그렇지 않아.
　6 A: 저것은 네 아침 식사니?
　　B: 응, 그래.
　7 A: 이것들은 네 크레용이니?
　　B: 아니, 그렇지 않아.
　8 A: 저것들은 네 과자니?
　　B: 응, 그래.
　9 A: 이것은 네 집이니?
　　B: 아니, 그렇지 않아.
　10 A: 이것들은 네 연필이니?
　　B: 응, 그래.

Grammar Run
156~157쪽

A　1　is not　　2　is not
　　3　are not　　4　are not
　　5　isn't　　6　isn't
　　7　aren't　　8　aren't
　　9　isn't　　10　isn't

B　1　it　　2　it　　3　they
　　4　they　　5　it　　6　it
　　7　they　　8　they　　9　it
　　10　they

해설 A　1　이것은 토마토가 아니다.
　　2　저것은 수박이 아니다.
　　3　이것들은 바나나가 아니다.
　　4　저것들은 감자가 아니다.
　　5　이것은 내 배낭이 아니다.
　　6　저것은 내 피아노가 아니다.
　　7　이것들은 내 책이 아니다.
　　8　저것들은 내 야구 방망이가 아니다.
　　9　저것은 그의 자전거가 아니다.
　　10　이것은 그녀의 자동차가 아니다.

Grammar Jump
158~159쪽

A　1　is not　　2　is not
　　3　are not　　4　are not
　　5　isn't　　6　isn't
　　7　aren't　　8　aren't
　　9　isn't　　10　aren't

B　1　Is　　2　Is
　　3　Are　　4　Are
　　5　Are　　6　it is
　　7　it isn't　　8　they are
　　9　they aren't　　10　it is

해설 A　1　저것은 쥐가 아니다.
　　2　이것은 뱀이 아니다.
　　3　저것들은 사자가 아니다.
　　4　이것들은 양이 아니다.
　　5　저것은 소가 아니다.
　　6　이것은 기차가 아니다.
　　7　저것들은 사탕이 아니다.
　　8　이것들은 포크가 아니다.
　　9　저것은 내 손목시계가 아니다.
　　10　저것들은 내 장갑이 아니다.

B 1 A: 이것은 그의 사진기니?
    B: 응, 그래.

  2 A: 저것은 그녀의 머리핀이니?
    B: 아니, 그렇지 않아.

  3 A: 이것들은 내 공책이니?
    B: 응, 그래.

  4 A: 저것들은 네 자니?
    B: 아니, 그렇지 않아.

  5 A: 이것들은 그들의 가방이니?
    B: 응, 그래.

  6 A: 이것은 네 방이니?
    B: 응, 그래.

  7 A: 저것은 네 애완동물이니?
    B: 아니, 그렇지 않아.

  8 A: 이것들은 네 꽃이니?
    B: 응, 그래.

  9 A: 저것들은 우리의 책이니?
    B: 아니, 그렇지 않아.

  10 A: 저것은 네 컵이니?
    B: 응, 그래.

  6 저것은 그의 배이다.
    → 저것은 그의 배가 아니다.

  7 이것들은 네 우산이다.
    → 이것들은 네 우산이 아니다.

  8 저것들은 그들의 북이다.
    → 저것들은 그들의 북이 아니다.

  9 이것은 그녀의 허리띠이다.
    → 이것은 그녀의 허리띠가 아니다.

  10 이것들은 우리의 자전거이다.
    → 이것들은 우리의 자전거가 아니다.

B 1 A: 이것은 포크니?
    B: 응, 그래.

  2 A: 저것은 칼이니?
    B: 아니, 그렇지 않아.

  3 A: 이것들은 숟가락이니?
    B: 응, 그래.

  4 A: 저것들은 젓가락이니?
    B: 아니, 그렇지 않아.

  5 A: 이것은 식탁이니?
    B: 아니, 그렇지 않아.

  6 A: 저것은 그의 야구 방망이니?
    B: 응, 그래.

  7 A: 이것은 그녀의 공이니?
    B: 아니, 그렇지 않아.

  8 A: 저것들은 우리의 모자니?
    B: 응, 그래.

  9 A: 이것들은 네 넥타이니?
    B: 아니, 그렇지 않아.

  10 A: 저것들은 네 상자니?
    B: 아니, 그렇지 않아.

Grammar Fly
160~161쪽

A 1 is not   2 is not
  3 are not   4 are not
  5 is not   6 isn't
  7 aren't   8 aren't
  9 isn't   10 aren't

B 1 Is   2 Is
  3 Are   4 Are
  5 Is   6 it is
  7 it isn't   8 they are
  9 they aren't   10 they aren't

해설 A 1 이것은 시계이다.
    → 이것은 시계가 아니다.

  2 저것은 피아노이다.
    → 저것은 피아노가 아니다.

  3 이것들은 얼룩말이다.
    → 이것들은 얼룩말이 아니다.

  4 저것들은 원숭이이다.
    → 저것들은 원숭이가 아니다.

  5 이것은 내 셔츠이다.
    → 이것은 내 셔츠가 아니다.

Quiz
162~163쪽

2 1 isn't   2 aren't
  3 not

4 1 that   2 it
  3 Are   4 they aren't

Review ★ 05
164~167쪽

1 ❶   2 ❸   3 ❷
4 ❶   5 ❸   6 Are you

REVIEW 해설

1 주어가 She이면 be동사는 is이고, 부정문을 만드는 not은 be동사 뒤에 온다. 따라서 is not을 써야 한다.
• 그녀는 우리 어머니가 아니시다.

2 주어가 They이면 be동사는 are이고, 부정문을 만드는 not은 be동사 뒤에 와야 하므로 are not을 쓴다.
• 그것들은 내 강아지가 아니다.

3 주어가 I이면 be동사는 am이고, 부정문을 만드는 not은 be동사 뒤에 와야 하므로 am not을 쓴다.
• 나는 무용수가 아니다.

4 주어가 That이면 be동사는 is이고, 부정문을 만드는 not은 be동사 뒤에 와야 하므로 is not을 쓴다.
• 저것은 내 모자가 아니다.

5 주어가 These이면 be동사는 are이고, 부정문을 만드는 not은 be동사 뒤에 와야 하므로 are not을 쓴다.
• 이것들은 그의 연필이 아니다.

6 의문문에 대한 대답의 주어가 I이므로 의문문의 주어는 you이다. 주어가 you일 때 짝이 되는 be동사는 are이고 의문문에서는 주어와 be동사의 위치가 서로 바뀌어야 하므로 Are you ~?가 맞다.
• A: 네가 토미니? B: 응, 그래.

7 의문문에 대한 대답의 주어가 he이므로, 의문문의 주어는 he이다. 주어가 he일 때 짝이 되는 be동사는 is이고 의문문의 형태에 맞추어 쓰면 Is he ~?가 된다.
• A: 그는 네 할아버지시니?
  B: 응, 그래.

8 의문문의 주어가 they일 때 대답의 주어는 그대로 they를 쓴다. 또한 부정의 대답을 할 때는 「No, 대명사＋be동사＋not」을 써야 하므로 are가 아닌 aren't가 맞다.
• A: 그들은 경찰관이니?
  B: 아니, 그렇지 않아.

9 의문문의 주어가 지시대명사인 this일 때 대답의 주어는 it을 쓴다.
• A: 이것은 호랑이니?
  B: 응, 그래.

10 의문문의 주어가 지시대명사인 these일 때 대답의 주어는 they를 쓴다.
• A: 이것들은 네 배낭이니?
  B: 아니, 그렇지 않아.

11 주어가 you일 때 '~가 아니다'라는 be동사의 부정은 are not이고, are not은 aren't로 줄여 쓸 수 있다.
❶ 너는 키가 작지 않다.
❷ He _isn't_ handsome. 그는 잘생기지 않았다.: 주어가 He이므로 aren't가 아니라 isn't가 되어야 한다.
❸ I _am not_ pretty. 나는 예쁘지 않다.: am not은 줄여 쓸 수 없다.

12 주어가 3인칭이면서 복수인 they이므로 '~가 아니다'라는 be동사의 부정은 are not이고, are not은 aren't로 줄여 쓸 수 있다.
❶ It _isn't_ my ball. 그것은 내 공이 아니다.: 주어가 It이므로 aren't가 아니라 isn't가 되어야 한다.
❷ That _isn't_ your book. 저것은 네 책이 아니다.: 주어가 That이므로 aren't가 아니라 isn't가 되어야 한다.
❸ 그들은 친절하지 않다.

13 Are you ~?로 물어보면 you가 단수냐 복수냐에 따라 대답하는 방법이 달라진다. you가 '너'라는 뜻의 단수일 때는 I로, '너희'라는 뜻의 복수일 때는 we로 대답한다. Are you strong?에서 you는 '너'도 될 수 있고 '너희'도 될 수 있으므로, I 또는 we로 대답하면 된다.
• 너는 힘이 세니? – 응, 그래.

14 Are you doctors?에서 doctors(의사들)로 보아 you는 복수인 '너희'의 뜻이므로 we(우리는)를 사용해서 대답해야 한다.
• 당신들은 의사입니까? – 아니요, 그렇지 않아요.

15 의문문의 주어가 she일 때는 대답의 주어도 she 그대로 쓴다.
• 그녀는 예쁘니? – 아니, 그렇지 않아.

16 are not의 줄임말은 aren't이다.
• 그것들은 맛있지 않다.

17 is not의 줄임말은 isn't이다.
• 그녀는 우리 이모가 아니시다.

18 '~이 아니다'라는 의미의 부정문은 be동사 뒤에 not을 붙인다. 주어가 It이므로 be동사 is 뒤에 not을 붙여 is not, 줄여서 isn't로 쓰면 된다.

19 '~이니?'라는 의미의 의문문에서는 be동사가 문장 맨 앞에 오고 이어서 주어가 온다.

20 지시대명사 these로 물어봤을 때는 they로 대답한다.

MEMO

Grammar, ZAP!

VOCABULARY
단어장

입문 1

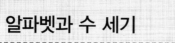

01	**eleven**	열하나, 11
02	**twelve**	열둘, 12
03	**thirteen**	열셋, 13
04	**fourteen**	열넷, 14
05	**fifteen**	열다섯, 15
06	**sixteen**	열여섯, 16
07	**seventeen**	열일곱, 17
08	**eighteen**	열여덟, 18
09	**nineteen**	열아홉, 19
10	**twenty**	스물, 20

01	**dog**	명 개
02	**cat**	명 고양이
03	**bird**	명 새
04	**fish**	명 물고기
05	**lemon**	명 레몬
06	**zebra**	명 얼룩말
07	**tiger**	명 호랑이
08	**cow**	명 암소, 젖소
09	**rabbit**	명 토끼
10	**lion**	명 사자

🐾 다음 영어 단어에 알맞은 우리말 뜻을 빈칸에 쓰세요.

01 **eleven** _____

02 **twelve** _____

03 **thirteen** _____

04 **fourteen** _____

05 **fifteen** _____

06 **sixteen** _____

07 **seventeen** _____

08 **eighteen** _____

09 **nineteen** _____

10 **twenty** _____

〰 다음 우리말 뜻에 알맞은 영어 단어를 빈칸에 쓰세요.

01 　개 　　　　　　　　＿＿＿＿＿＿＿＿＿＿＿＿＿＿

02 　고양이 　　　　　　＿＿＿＿＿＿＿＿＿＿＿＿＿＿

03 　새 　　　　　　　　＿＿＿＿＿＿＿＿＿＿＿＿＿＿

04 　물고기 　　　　　　＿＿＿＿＿＿＿＿＿＿＿＿＿＿

05 　레몬 　　　　　　　＿＿＿＿＿＿＿＿＿＿＿＿＿＿

06 　얼룩말 　　　　　　＿＿＿＿＿＿＿＿＿＿＿＿＿＿

07 　호랑이 　　　　　　＿＿＿＿＿＿＿＿＿＿＿＿＿＿

08 　암소, 젖소 　　　　＿＿＿＿＿＿＿＿＿＿＿＿＿＿

09 　토끼 　　　　　　　＿＿＿＿＿＿＿＿＿＿＿＿＿＿

10 　사자 　　　　　　　＿＿＿＿＿＿＿＿＿＿＿＿＿＿

01	**girl**	몡 여자아이, 소녀
02	**man**	몡 (성인) 남자
03	**house**	몡 집
04	**park**	몡 공원
05	**bag**	몡 가방
06	**tree**	몡 나무
07	**love**	몡 사랑
08	**idea**	몡 발상
09	**boy**	몡 남자아이, 소년
10	**woman**	몡 (성인) 여자

01	**room**	몡 방
02	**city**	몡 도시
03	**book**	몡 책
04	**pencil**	몡 연필
05	**flower**	몡 꽃
06	**time**	몡 시간
07	**water**	몡 물
08	**snow**	몡 눈
09	**paper**	몡 종이
10	**milk**	몡 우유

다음 영어 단어에 알맞은 우리말 뜻을 빈칸에 쓰세요.

01 **girl** _____

02 **man** _____

03 **house** _____

04 **park** _____

05 **bag** _____

06 **tree** _____

07 **love** _____

08 **idea** _____

09 **boy** _____

10 **woman** _____

다음 우리말 뜻에 알맞은 영어 단어를 빈칸에 쓰세요.

01   방   _____

02   도시   _____

03   책   _____

04   연필   _____

05   꽃   _____

06   시간   _____

07   물   _____

08   눈   _____

09   종이   _____

10   우유   _____

01	**box**	명 상자
02	**baby**	명 아기
03	**ball**	명 공
04	**bus**	명 버스
05	**fox**	명 여우
06	**dish**	명 접시
07	**bench**	명 벤치
08	**candy**	명 사탕
09	**key**	명 열쇠
10	**leaf**	명 나뭇잎

01	**wolf**	몡 늑대
02	**knife**	몡 칼
03	**foot**	몡 발 (복수형: feet)
04	**tooth**	몡 이, 치아 (복수형: teeth)
05	**child**	몡 어린이 (복수형: children)
06	**mouse**	몡 쥐 (복수형: mice)
07	**sheep**	몡 양
08	**deer**	몡 사슴
09	**egg**	몡 달걀
10	**glass**	몡 유리잔

〰️ 다음 영어 단어에 알맞은 우리말 뜻을 빈칸에 쓰세요.

01 **box**　　　＿＿＿＿＿＿＿＿＿＿＿＿＿＿＿＿

02 **baby**　　　＿＿＿＿＿＿＿＿＿＿＿＿＿＿＿＿

03 **ball**　　　＿＿＿＿＿＿＿＿＿＿＿＿＿＿＿＿

04 **bus**　　　＿＿＿＿＿＿＿＿＿＿＿＿＿＿＿＿

05 **fox**　　　＿＿＿＿＿＿＿＿＿＿＿＿＿＿＿＿

06 **dish**　　　＿＿＿＿＿＿＿＿＿＿＿＿＿＿＿＿

07 **bench**　　　＿＿＿＿＿＿＿＿＿＿＿＿＿＿＿＿

08 **candy**　　　＿＿＿＿＿＿＿＿＿＿＿＿＿＿＿＿

09 **key**　　　＿＿＿＿＿＿＿＿＿＿＿＿＿＿＿＿

10 **leaf**　　　＿＿＿＿＿＿＿＿＿＿＿＿＿＿＿＿

🔰 다음 우리말 뜻에 알맞은 영어 단어를 빈칸에 쓰세요.

01   늑대   _____

02   칼   _____

03   발   _____

04   이, 치아   _____

05   어린이   _____

06   쥐   _____

07   양   _____

08   사슴   _____

09   달걀   _____

10   유리잔   _____

01	**look at** ~을 보다	Look at the boy. 그 남자아이를 봐.
02	**sun** 명 해, 태양	Look at the sun. 해를 봐.
03	**moon** 명 달	Look at the moon. 달을 봐.
04	**play** 동 (악기를) 연주하다, (경기를) 하다	I play the piano. 나는 피아노를 친다.
05	**soccer** 명 축구	I play soccer. 나는 축구를 한다.
06	**breakfast** 명 아침 (식사)	I have breakfast. 나는 아침 식사를 한다.
07	**umbrella** 명 우산	It is an umbrella. 그것은 우산이다.
08	**cute** 형 귀여운	The dog is cute. 그 개는 귀엽다.
09	**teacher** 명 선생님	You are a teacher. 당신은 선생님이다.
10	**have** 동 가지다, 있다	You have an apple. 너는 사과 한 개를 가지고 있다.

01	**like** ⑧ 좋아하다	I like the book. 나는 그 책을 좋아한다.
02	**doctor** ⑲ 의사	I am a doctor. 나는 의사이다.
03	**nurse** ⑲ 간호사	You are a nurse. 당신은 간호사이다.
04	**onion** ⑲ 양파	It is an onion. 그것은 양파이다.
05	**ant** ⑲ 개미	It is an ant. 그것은 개미이다.
06	**desk** ⑲ 책상	That is a desk. 저것은 책상이다.
07	**sky** ⑲ 하늘	Look at the sky. 하늘을 봐.
08	**lunch** ⑲ 점심 (식사)	I have lunch. 나는 점심 식사를 한다.
09	**dinner** ⑲ 저녁 (식사)	We have dinner. 우리는 저녁 식사를 한다.
10	**happy** ⑲ 행복한	The boy is happy. 그 남자아이는 행복하다.

다음 영어에 알맞은 우리말 뜻을 빈칸에 쓰세요.

01 **look at** _____

02 **sun** _____

03 **moon** _____

04 **play** _____

05 **soccer** _____

06 **breakfast** _____

07 **umbrella** _____

08 **cute** _____

09 **teacher** _____

10 **have** _____

다음 우리말 뜻에 알맞은 영어 단어를 빈칸에 쓰세요.

01 좋아하다 _____

02 의사 _____

03 간호사 _____

04 양파 _____

05 개미 _____

06 책상 _____

07 하늘 _____

08 점심 (식사) _____

09 저녁 (식사) _____

10 행복한 _____

01	**drum** 몡 북, 드럼	This is a drum. 이것은 북이다.
02	**chair** 몡 의자	That is a chair. 저것은 의자이다.
03	**apple** 몡 사과	Those are apples. 저것들은 사과이다.
04	**watch** 몡 손목시계	These are watches. 이것들은 손목시계이다.
05	**eraser** 몡 지우개	Those are erasers. 저것들은 지우개이다.
06	**airplane** 몡 비행기	This airplane is blue. 이 비행기는 파란색이다.
07	**blue** 혱 파란, 파란색의	Those cups are blue. 저 컵들은 파란색이다.
08	**boat** 몡 배, 보트	That boat is blue. 저 배는 파란색이다.
09	**potato** 몡 감자	These are potatoes. 이것들은 감자이다.
10	**tomato** 몡 토마토	Those are tomatoes. 저것들은 토마토이다.

01	**tall** (형) 키가 큰	This boy is tall. 이 남자아이는 키가 크다.	
02	**pants** (명) 바지	These pants are blue. 이 바지는 파란색이다.	
03	**skirt** (명) 치마	Those skirts are green. 저 치마들은 녹색이다.	
04	**green** (형) 초록색의	That apple is green. 저 사과는 초록색이다.	
05	**ox** (명) 황소 (복수형: oxen)	This is an ox. 이것은 황소이다.	
06	**violin** (명) 바이올린	That is a violin. 저것은 바이올린이다.	
07	**goose** (명) 거위 (복수형: geese)	These are geese. 이것들은 거위이다.	
08	**bike** (명) 자전거	Those are bikes. 저것들은 자전거이다.	
09	**small** (형) (크기가) 작은	This ball is small. 이 공은 작다.	
10	**actor** (명) (남자) 배우	These actors are tall. 이 배우들은 키가 크다.	

다음 영어 단어에 알맞은 우리말 뜻을 빈칸에 쓰세요.

01 **drum**

02 **chair**

03 **apple**

04 **watch**

05 **eraser**

06 **airplane**

07 **blue**

08 **boat**

09 **potato**

10 **tomato**

다음 우리말 뜻에 알맞은 영어 단어를 빈칸에 쓰세요.

01 키가 큰

02 바지

03 치마

04 초록색의

05 황소

06 바이올린

07 거위

08 자전거

09 (크기가) 작은

10 (남자) 배우

01	**sad** ⓗ 슬픈	He is sad. 그는 슬프다.
02	**thin** ⓗ 마른, 여윈	It is thin. 그것은 말랐다.
03	**lazy** ⓗ 게으른	They are lazy. 그들은 게으르다.
04	**diligent** ⓗ 부지런한	She is diligent. 그녀는 부지런하다.
05	**visit** ⓥ 방문하다, 찾아가다	We visit them every day. 우리는 그들을 매일 찾아간다.
06	**student** ⓝ 학생	The students visit him every day. 그 학생들은 그를 매일 찾아간다.
07	**every day** 매일	The students visit her every day. 그 학생들은 그녀를 매일 찾아간다.
08	**farmer** ⓝ 농부	We are farmers. 우리는 농부이다.
09	**pig** ⓝ 돼지	It is a pig. 그것은 돼지이다.
10	**meet** ⓥ 만나다	I meet her every day. 나는 그녀를 매일 만난다.

01	**know** ⑧ 알다	They know you. 그들은 너[너희]를 안다.
02	**weak** ⑱ 약한, 힘이 없는	I am weak. 나는 약하다.
03	**strong** ⑱ 튼튼한, 강한, 힘이 센	You are strong. 너[너희]는 튼튼하다.
04	**cook** ⑲ 요리사	He is a cook. 그는 요리사이다.
05	**giraffe** ⑲ 기린	It is a giraffe. 그것은 기린이다.
06	**baseball** ⑲ 야구	I play baseball every day. 나는 매일 야구를 한다.
07	**every week** 매주	I meet you every week. 나는 너를 매주 만난다.
08	**smart** ⑱ 똑똑한, 영리한	We are smart. 우리는 똑똑하다.
09	**short** ⑱ 키가 작은, (길이가) 짧은	He is short. 그는 키가 작다.
10	**young** ⑱ (나이가) 어린, 젊은	She is young. 그녀는 젊다.

📖 다음 영어에 알맞은 우리말 뜻을 빈칸에 쓰세요.

01 **sad** _____

02 **thin** _____

03 **lazy** _____

04 **diligent** _____

05 **visit** _____

06 **student** _____

07 **every day** _____

08 **farmer** _____

09 **pig** _____

10 **meet** _____

다음 우리말 뜻에 알맞은 영어 단어를 빈칸에 쓰세요.

01　알다 _____

02　약한, 힘이 없는 _____

03　튼튼한, 강한, 힘이 센 _____

04　요리사 _____

05　기린 _____

06　야구 _____

07　매주 _____

08　똑똑한, 영리한 _____

09　키가 작은,
　　(길이가) 짧은 _____

10　(나이가) 어린, 젊은 _____

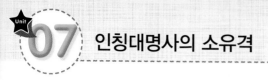
01	**leg** 몡 다리	My legs are long. 내 다리는 길다.
02	**long** 혱 (길이가) 긴	Your legs are long. 네 다리는 길다.
03	**brother** 몡 형, 오빠, 남동생	He is our brother. 그는 우리 형이다.
04	**sister** 몡 언니, 누나, 여동생	She is their sister. 그녀는 그들의 언니이다.
05	**nose** 몡 코	His nose is long. 그의 코는 길다.
06	**dad** 몡 아빠	He is her dad. 그는 그녀의 아빠이시다.
07	**mom** 몡 엄마	She is my mom. 그녀는 우리 엄마이시다.
08	**grandma** 몡 할머니	She is their grandma. 그녀는 그들의 할머니이시다.
09	**grandpa** 몡 할아버지	He is our grandpa. 그는 우리 할아버지이시다.
10	**bat** 몡 방망이, 배트	The bat is mine. 그 방망이는 내 것이다.

01	**doll** ⑲ 인형	This doll is hers. 이 인형은 그녀의 것이다.
02	**toy** ⑲ 장난감	These toys are ours. 이 장난감들은 우리 것이다.
03	**eye** ⑲ 눈	My eyes are big. 내 눈은 크다.
04	**big** ⑲ (크기가) 큰	Their dog is big. 그들의 개는 크다.
05	**ear** ⑲ 귀	Its ear is long. 그것의 귀는 길다.
06	**cap** ⑲ (앞부분에 챙이 달린) 모자	This cap is mine. 이 모자는 내 것이다.
07	**shoe** ⑲ 신발 (한 짝)	These shoes are his. 이 신발은 그의 것이다.
08	**neck** ⑲ 목	Its neck is long. 그것의 목은 길다.
09	**name** ⑲ 이름	Her name is Lisa. 그녀의 이름은 리사이다.
10	**friend** ⑲ 친구	They are my friends. 그들은 내 친구들이다.

🎵 다음 영어 단어에 알맞은 우리말 뜻을 빈칸에 쓰세요.

01 **leg** _____

02 **long** _____

03 **brother** _____

04 **sister** _____

05 **nose** _____

06 **dad** _____

07 **mom** _____

08 **grandma** _____

09 **grandpa** _____

10 **bat** _____

다음 우리말 뜻에 알맞은 영어 단어를 빈칸에 쓰세요.

01 인형 _____

02 장난감 _____

03 눈 _____

04 (크기가) 큰 _____

05 귀 _____

06 (앞부분에 챙이 달린) 모자 _____

07 신발 (한 짝) _____

08 목 _____

09 이름 _____

10 친구 _____

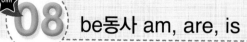

be동사 am, are, is

01회

01	**sick** 혱 아픈, 병든	She is sick. 그녀는 아프다.
02	**hungry** 혱 배고픈	They are hungry. 그들은 배가 고프다.
03	**glue** 몡 접착제	That is her glue. 저것은 그녀의 접착제이다.
04	**uncle** 몡 삼촌, 외삼촌	He's my uncle. 그는 우리 삼촌이다.
05	**aunt** 몡 고모, 이모	She's my aunt. 그녀는 우리 이모이다.
06	**police officer** 경찰관	You are a police officer. 당신은 경찰관이다.
07	**ruler** 몡 자	It is her ruler. 그것은 그녀의 자이다.
08	**kind** 혱 친절한	This girl is kind. 이 여자아이는 친절하다.
09	**fat** 혱 뚱뚱한	I'm fat. 나는 뚱뚱하다.
10	**sugar** 몡 설탕	It's sugar. 그것은 설탕이다.

01	**elephant** 명 코끼리	That's an elephant. 저것은 코끼리이다.
02	**grape** 명 포도	They're grapes. 그것들은 포도이다.
03	**notebook** 명 공책	Those are her notebooks. 저것들은 그녀의 공책이다.
04	**red** 형 빨간, 붉은	Those apples are red. 저 사과들은 빨갛다.
05	**pretty** 형 예쁜	You are pretty. 너는 예쁘다.
06	**spider** 명 거미	That is a spider. 저것은 거미이다.
07	**firefighter** 명 소방관	They are firefighters. 그들은 소방관이다.
08	**puppy** 명 강아지	The puppies are cute. 그 강아지들은 귀엽다.
09	**handsome** 형 잘생긴	My brothers are handsome. 내 남동생들은 잘생겼다.
10	**pilot** 명 비행기 조종사	They are pilots. 그들은 비행기 조종사이다.

💧 다음 영어에 알맞은 우리말 뜻을 빈칸에 쓰세요.

01   **sick**
_____

02   **hungry**
_____

03   **glue**
_____

04   **uncle**
_____

05   **aunt**
_____

06   **police officer**
_____

07   **ruler**
_____

08   **kind**
_____

09   **fat**
_____

10   **sugar**
_____

✍ 다음 우리말 뜻에 알맞은 영어 단어를 빈칸에 쓰세요.

01 코끼리

02 포도

03 공책

04 빨간, 붉은

05 예쁜

06 거미

07 소방관

08 강아지

09 잘생긴

10 비행기 조종사

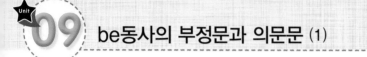
01	**angry** 형 화난, 성난	I am not angry. 나는 화가 나 있지 않다.
02	**thirsty** 형 목이 마른	Is she thirsty? 그녀는 목이 마르니?
03	**old** 형 낡은, 오래된	Is it old? 그것은 오래되었니?
04	**new** 형 새로운, 새것의	Are they new? 그것들은 새것이니?
05	**kitten** 명 새끼 고양이	It is not my kitten. 그것은 내 새끼 고양이가 아니다.
06	**pear** 명 배	They are not pears. 그것들은 배가 아니다.
07	**delicious** 형 맛있는	Is it delicious? 그것은 맛있니?
08	**sour** 형 (맛이) 신	Are they sour? 그것들은 맛이 시니?
09	**father** 명 아버지	Is he your father? 그는 네 아버지시니?
10	**mother** 명 어머니	Is she your mother? 그녀는 네 어머니시니?

01	**fast** 형 빠른	You are not fast. 너는 빠르지 않다.
02	**slow** 형 느린	She is not slow. 그녀는 느리지 않다.
03	**sweet** 형 달콤한	It is not sweet. 그것은 달지 않다.
04	**peach** 명 복숭아	They aren't peaches. 그것들은 복숭아가 아니다.
05	**pencil case** 필통	Is it your pencil case? 그것은 네 필통이니?
06	**pet** 명 애완동물	Is it your pet? 그것은 네 애완동물이니?
07	**cold** 형 추운, 차가운	I am not cold. 나는 춥지 않다.
08	**crayon** 명 크레용	They are my crayons. 그것들은 내 크레용이다.
09	**backpack** 명 배낭	Is it her backpack? 그것은 그녀의 배낭이니?
10	**ticket** 명 표, 입장권	Is it your ticket? 그것은 네 표니?

다음 영어 단어에 알맞은 우리말 뜻을 빈칸에 쓰세요.

01 **angry** _____

02 **thirsty** _____

03 **old** _____

04 **new** _____

05 **kitten** _____

06 **pear** _____

07 **delicious** _____

08 **sour** _____

09 **father** _____

10 **mother** _____

〰 다음 우리말 뜻에 알맞은 영어 단어를 빈칸에 쓰세요.

01   빠른   _____

02   느린   _____

03   달콤한   _____

04   복숭아   _____

05   필통   _____

06   애완동물   _____

07   추운, 차가운   _____

08   크레용   _____

09   배낭   _____

10   표, 입장권   _____

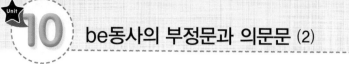
01	**coat** 몡 외투	This is not my coat. 이것은 내 외투가 아니다.
02	**sweater** 몡 스웨터	Those are not my sweaters. 저것들은 내 스웨터가 아니다.
03	**scarf** 몡 스카프, 목도리	Is that your scarf? 저것은 네 목도리니?
04	**sock** 몡 양말 (한 짝)	Are those your socks? 저것들은 네 양말이니?
05	**watermelon** 몡 수박	That is not a watermelon. 저것은 수박이 아니다.
06	**banana** 몡 바나나	These are not bananas. 이것들은 바나나가 아니다.
07	**car** 몡 자동차	This isn't her car. 이것은 그녀의 차가 아니다.
08	**hat** 몡 모자	Is that a hat? 저것은 모자이니?
09	**mitten** 몡 벙어리장갑 (한 짝)	Are these his mittens? 이것들은 그의 벙어리장갑이니?
10	**cookie** 몡 쿠키, 과자	Are those your cookies? 저것들은 네 과자니?

01	**snake** 몡 뱀	This is not a snake. 이것은 뱀이 아니다.
02	**train** 몡 기차	This isn't a train. 이것은 기차가 아니다.
03	**fork** 몡 포크	These aren't forks. 이것들은 포크가 아니다.
04	**glove** 몡 장갑 (한 짝)	Those aren't my gloves. 저것들은 내 장갑이 아니다.
05	**clock** 몡 벽시계	This is a clock. 이것은 벽시계이다.
06	**belt** 몡 벨트, 허리띠	This is her belt. 이것은 그녀의 허리띠이다.
07	**spoon** 몡 숟가락	Are these spoons? 이것들은 숟가락이니?
08	**chopstick** 몡 젓가락 (한 짝)	Are those chopsticks? 저것들은 젓가락이니?
09	**table** 몡 탁자, 식탁	Is this a table? 이것은 식탁이니?
10	**tie** 몡 넥타이	Are these your ties? 이것들은 네 넥타이니?

다음 영어 단어에 알맞은 우리말 뜻을 빈칸에 쓰세요.

01 **coat** _____

02 **sweater** _____

03 **scarf** _____

04 **sock** _____

05 **watermelon** _____

06 **banana** _____

07 **car** _____

08 **hat** _____

09 **mitten** _____

10 **cookie** _____

〰 다음 우리말 뜻에 알맞은 영어 단어를 빈칸에 쓰세요.

01 뱀 _____

02 기차 _____

03 포크 _____

04 장갑 (한 짝) _____

05 벽시계 _____

06 벨트, 허리띠 _____

07 숟가락 _____

08 젓가락 (한 짝) _____

09 탁자, 식탁 _____

10 넥타이 _____

Answers

01 알파벳과 수 세기

Quiz 01

01	열하나, 11	02	열둘, 12
03	열셋, 13	04	열넷, 14
05	열다섯, 15	06	열여섯, 16
07	열일곱, 17	08	열여덟, 18
09	열아홉, 19	10	스물, 20

Quiz 02

01	dog	02	cat
03	bird	04	fish
05	lemon	06	zebra
07	tiger	08	cow
09	rabbit	10	lion

02 명사 (1)

Quiz 01

01	여자아이, 소녀	02	(성인) 남자
03	집	04	공원
05	가방	06	나무
07	사랑	08	밥상
09	남자아이, 소년	10	(성인) 여자

Quiz 02

01	room	02	city
03	book	04	pencil
05	flower	06	time
07	water	08	snow
09	paper	10	milk

03 명사 (2)

Quiz 01

01	상자	02	아기
03	공	04	버스
05	여우	06	접시
07	벤치	08	사탕
09	열쇠	10	나뭇잎

Quiz 02

01	wolf	02	knife
03	foot	04	tooth
05	child	06	mouse
07	sheep	08	deer
09	egg	10	glass

04 관사

Quiz 01

01	~을 보다	02	해, 태양
03	달	04	연주하다
05	축구	06	아침 (식사)
07	우산	08	귀여운
09	선생님	10	가지다, 있다

Quiz 02

01	like	02	doctor
03	nurse	04	onion
05	ant	06	desk
07	sky	08	lunch
09	dinner	10	happy

05 인칭대명사와 지시대명사

Quiz 01

01	북, 드럼	02	의자
03	사과	04	손목시계
05	지우개	06	비행기
07	파란, 파란색의	08	배, 보트
09	감자	10	토마토

Quiz 02

01	tall	02	pants
03	skirt	04	green
05	ox	06	violin
07	goose	08	bike
09	small	10	actor

06 인칭대명사의 주격과 목적격

Quiz 01

01	슬픈	02	마른, 여윈
03	게으른	04	부지런한
05	방문하다, 찾아가다	06	학생
07	매일	08	농부
09	돼지	10	만나다

Quiz 02

01	know	02	weak
03	strong	04	cook
05	giraffe	06	baseball
07	every week	08	smart
09	short	10	young

07 인칭대명사의 소유격

Quiz 01

01	다리	02	(길이가) 긴
03	형, 오빠, 남동생	04	언니, 누나, 여동생
05	코	06	아빠
07	엄마	08	할머니
09	할아버지	10	방망이, 배트

Quiz 02

01	doll	02	toy
03	eye	04	big
05	ear	06	cap
07	shoe	08	neck
09	name	10	friend

08 be동사 am, are, is

Quiz 01

01	아픈, 병든	02	배고픈
03	접착제	04	삼촌, 외삼촌
05	고모, 이모	06	경찰관
07	자	08	친절한
09	뚱뚱한	10	설탕

Quiz 02

01	elephant	02	grape
03	notebook	04	red
05	pretty	06	spider
07	firefighter	08	puppy
09	handsome	10	pilot

Answers

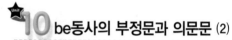

09 be동사의 부정문과 의문문 (1)

Quiz 01

01	화난, 성난	02	목이 마른
03	낡은, 오래된	04	새로운, 새것의
05	새끼 고양이	06	배
07	맛있는	08	(맛이) 신
09	아버지	10	어머니

Quiz 02

01	fast	02	slow
03	sweet	04	peach
05	pencil case	06	pet
07	cold	08	crayon
09	backpack	10	ticket

10 be동사의 부정문과 의문문 (2)

Quiz 01

01	외투	02	스웨터
03	스카프, 목도리	04	양말 (한 짝)
05	수박	06	바나나
07	자동차	08	모자
09	벙어리장갑 (한 짝)	10	쿠키, 과자

Quiz 02

01	snake	02	train
03	fork	04	glove
05	clock	06	belt
07	spoon	08	chopstick
09	table	10	tie